SOS Garten

Siegfried Schmid

Unkraut?

Kein Problem!

avBUCH

Impressum

2006 Österreichischer Agrarverlag
Druck- und Verlagsges. m. b. H. Nfg. KG
Sturzgasse 1a
A-1141 Wien
www.avbuch.at

Projektleitung (Lektorat & Herstellung): Elke Papouschek für avBUCH, Wien
Korrektorat: Christina Spiegl, Wien
Grafische Gestaltung: Ravenstein + Partner, Verden
Satz: Simone Voßwinkel, Berlin
Druck: Westermann Druck, Zwickau

Printed in Germany

ISBN 3-7040-2125-3

SOS Garten

Siegfried Schmid

Unkraut?

Kein Problem!

avBUCH

Inhalt

Vorwort

Es mag seltsam erscheinen, dass es mir ein Bedürfnis war, ein Buch über Unkräuter zu schreiben, jene ungeliebten Pflanzen, die nur Mühe machen. Noch dazu, wo es drei Jahrzehnte lang als Leiter des Botanischen Gartens in Linz zu meinen Aufgaben gehörte, eben diese Unkräuter aus den Rabatten und Pflanzengruppen entfernen zu lassen. Seit Erscheinen der „Roten Liste der gefährdeten Pflanzen" haben wir im Botanischen Garten versucht, diese gefährdeten Pflanzen in Form einer Erhaltungskultur zu bewahren. Einige wurden auch nach ihren Ansprüchen – so weit möglich – in bestehende Pflanzungen integriert.

Die Liebe zu den Pflanzen darf sich nicht nur auf jene Arten und Sorten beziehen, die in den zahlreichen Katalogen angeboten werden. Sie soll auch jene Mitglieder der Pflanzenfamilie einschließen, die ein oft unbeachtetes Dasein führen, die bei genauerem Hinsehen aber viel von ihrer Schönheit und ihren anderen Qualitäten offenbaren. So ist für mich die heimische Flora mit all ihren Aspekten genauso wertvoll wie die anderen Pflanzen in unseren Gärten. Auch die so genannten Schädlinge und Unkräuter sind Teile der Schöpfung und gehören dazu.

Nach zahlreichen Gesprächen mit Gartenfreunden wurde mir klar, dass es trotz der unendlichen Zahl an Gartenbüchern kein Buch über Unkräuter im Handel gibt, das auch das mögliche Einbeziehen dieser Pflanzen in die Gestaltung des Gartens beinhaltet. Angeregt durch meine Erfahrungen im Beruf und im eigenen Garten habe ich den Entschluss gefasst, den Gartenfreunden diese Pflanzengruppe näher zu bringen. Nachdem ich im Jahre 2003 in Pension gehen konnte, begann ich mit den Vorbereitungen und der Arbeit, deren Ergebnis Sie in Händen halten.

Das Hauptaugenmerk dieses Buches liegt bei jenen Pflanzen, die gemeinhin als Un-

Durch die Vielfalt an Pflanzen wird ein Garten erst richtig spannend.

kraut (Beikraut) gelten und in der Regel ausgejätet werden. Sie sind im Garten ursprünglich nicht vorgesehen, kommen aber im Laufe der Zeit irgendwann mit Sicherheit vor.

Viele Gartenfreunde werden immer sensibler, was die ökologischen Zusammenhänge betrifft. Naturgärten und naturnahe Anlagen sind ökologisch sinnvoll und das Interesse an ihnen nimmt stetig zu. Ich kann dem Leitgedanken solcher naturnaher Gärten – „Vielfalt statt Einfalt" – viel abgewinnen und plädiere daher für die Verwendung sowohl der heimischen Flora als auch von Pflanzen aus anderen Ländern und natürlich auch von Züchtungen und Auslesen (Selektionen). Für jeden Typ gibt es geeignete Standorte und Verwendungsmöglichkeiten.

Garten bedeutet Kultur und die Gartenkultur lässt sich bis zu den Ägyptern, Babyloniern und Assyrern zurückverfolgen. Eine Kombination von Natur und Kultur im Sinne der verschiedenen Herkünfte der Pflanzen macht einen Garten erst richtig spannend. Ganz entschieden bin ich gegen genmanipulierte Pflanzen, seien es Nutz- oder Zierpflanzen.

Meine Ausführungen beziehen sich auf den privaten Garten und nicht auf den gewerblichen Garten- und Landbau, da dort andere Kriterien gelten. Die geografische Breite der vorgestellten Pflanzen umfasst das zentrale Mitteleuropa der Alpenstaaten ohne die Küstengebiete, also Österreich, Deutschland, die Schweiz, Tschechien, die Westslowakei und Westungarn.

Ich möchte durch mein Buch einen etwas veränderten Blickwinkel auf die so genannten Unkräuter vermitteln, damit diese Pflanzen mit anderen Augen betrachtet werden und nicht jedes Pflänzchen dem Ausjäten zum Opfer fällt. Gerne stehe ich für Anregungen, aber auch für Kritik meinen Lesern zur Verfügung.

Mein Dank gilt Dr. Friedrich Schwarz, dem Leiter des Botanischen Gartens und der Naturkundlichen Station der Stadt Linz, für die Durchsicht des Manuskriptes. Er vermittelte wertvolle Hinweise. Das Ehepaar Manfred und Andrea Mayr, Leonding, hat den Text auf Praxistauglichkeit geprüft – auch dafür herzlichen Dank.

Siegfried Schmid

Der Umgang mit Unkräutern

Unkrautbekämpfung mit Maß und Ziel

Lässt man der Natur ihren Lauf und unternimmt nichts gegen die Flut der Wildkräuter, so ist der Garten in einem Jahr nicht wiederzuerkennen und im zweiten Jahr würden nur noch die stärkeren Pflanzen zu sehen sein. Nach einigen Jahren hat sich die Natur das Gebiet völlig zurückerobert, wie ich an Beispielen aufgelassener Gärten sehen konnte. Das bedeutet, dass eine Regulierung der Wildkräuter im Garten nötig ist, das heißt aber auch, dass man keinen klinisch reinen Garten schaffen soll. Letzteres wäre auch nur unter erheblichem Aufwand möglich. Falsch erscheint mir auch der Ansatz, alle fremdländischen Gartenpflanzen zu verurteilen und nur heimische Pflanzen zu akzeptieren.

Wildkräuter können und sollen belassen werden, je nachdem wo sie sich angesiedelt haben. Jedes hat eine bestimmte Funktion im ökologischen Haushalt der Natur, manche sind für die Entwicklung verschiedener Tiere notwendig, viele bieten auch einen schönen Anblick – darauf wird in den Beschreibungen hingewiesen. Mit der Einbindung einzelner Beikräuter in bestehende Pflanzungen muss das optische Gesamtbild nicht gestört – im Gegenteil –, es kann sogar verbessert werden, denn viele dieser Pflanzen haben ein durchaus attraktives Erscheinungsbild.

Harmonisches Miteinander

Will man einen Garten völlig frei von Beikräutern haben, bedeutet dies einen erheblichen Arbeitsaufwand und ein ständiges Entfernen aller aufkommenden unerwünschten Pflanzen. Entspricht das nicht der persönlichen Vorstellung vom Gärtnern, muss man zwangsläufig mit den Beikräutern leben. Damit beginnt die Phase des Lernens aus den gemachten Erfahrungen. Im besten Fall sollte sich langfristig eine geglückte Mischung von Wildkräutern und Kulturvarietäten einpendeln. Wem dies gelingt, der hat die Meisterschaft erreicht.

In diesem Buch werden die geläufigsten und am häufigsten vorkommenden Beikräuter vorgestellt, vor allem einjährige Pflanzen, Stauden sowie ein Gehölz. Für die weiterführende exakte botanische Bestimmung gibt es empfehlenswerte Literatur, die im Literaturverzeichnis aufgeführt ist.

Was bedeutet Unkraut, Beikraut oder Pionierpflanze?

Obwohl es in der Natur keine Unkräuter gibt und jede Pflanze ihren Sinn und ihre Aufgabe hat, wird manchmal die provokante Bezeichnung „Unkraut" verwendet, allerdings ohne Bewertung. In der Regel handelt es sich dabei um eine Pflanze, die dort wächst, wo wir sie nicht haben wollen, sich noch dazu sehr stark ausbreitet und jene Pflanzen von ihrem Standort verdrängt, die wir dort vorgesehen hatten. Alle diese Pflanzen, egal ob heimische oder Kulturpflanzen, bezeichne ich als Plagekräuter.

Was sind Pionierpflanzen?

Viele Pflanzen wandern von Ödland und Brachflächen ein, das sind Flächen, die durch menschlichen Einfluss entstanden sind und zumindest vorübergehend sich selbst überlassen bleiben. Offene Flächen (Ruderalflächen) werden immer von Pionierpflanzen besiedelt.

Zum Ödland zählen zum Beispiel Industriegebiete, Lagerplätze, Verkehrsflächen, Restflächen, Abfallplätze, Bauland, Flächen entlang von Mauern, Zäunen und Gräben und so weiter – all jene Bereiche, die nicht genutzt werden. Je nach der Bodenbeschaffenheit siedelt sich hier eine spezielle Flora an, die als Ruderalflora bezeichnet wird. Diese Ruderalflora ist nur ein Übergangsstadium, die vorwiegend durch Samenanflug beziehungsweise durch das Keimen von Samen entsteht, die bereits im Boden vorhanden sind. Sie können unter günstigen Bedingungen viele Jahre überdauern und bei entsprechender Gelegenheit zum Keimen kommen. Dadurch werden solche Flächen relativ schnell von ein- und mehrjährigen Arten besiedelt.

Pflanzen als Bodenzeiger

Aus dem Vorhandensein bestimmter Pflanzen lassen sich so Rückschlüsse auf den Bodenzustand schließen. Den Beginn machen die einjährigen Kräuter, ihnen folgen mehrjährige. Die verschiedenen Gehölze der Region bilden das letzte Glied in der Entwicklung. Das Endstadium jeder

Sukzession wäre in unseren Breiten ein geschlossener Mischwald.

Seit der Entdeckung Amerikas und der anderen Kontinente sind – mit dem Frachtgut von Schiffen und Flugzeugen – immer wieder Neophyten als blinde Passagiere bei uns eingewandert: Kanadische Goldrute, Nachtkerze, Kanadisches Berufskraut und andere. Viele wurden früher von Pflanzensammlern als Raritäten in Botanische Gärten gebracht und haben sich von dort aus weiterverbreitet; manche so stark, dass sie die heimische Flora unterdrücken. Ein Beispiel dafür ist das Drüsige Springkraut *(Impatiens glandulifera)*, das Mitte des 19. Jahrhunderts aus dem Himalayagebiet eingeführt wurde und heute weite Bereiche in Auwäldern und anderen Zonen erobert hat. Aus Asien kamen auch das Kleinblütige Springkraut *(Impatiens parviflora)*, der Riesen-Bärenklau *(Heracleum mantegazzianum)* und Knötericharten wie der Japanische Stauden-Knöterich *(Fallopia japonica)* und der Sachalin-Flügelknöterich *(Fallopia sachalinensis)*. Bedingt durch den weltweiten grenzenlosen Verkehr haben sich einige Arten stark ausgebreitet.

Auch schöne Gartenpflanzen können zum Unkraut werden, wenn sie sich zu stark durch Samen oder Ausläufer verbreiten und so ihre Nachbarn verdrängen. Ein Eingreifen ist dann nötig.

Was sind Beikräuter?

Als Beikraut versteht man eine Pflanze, die in Gemeinschaft mit anderen meist zum gegenseitigen Nutzen auftritt, wie dies auch auf höherer Ebene in der Mischkultur praktiziert wird.

Man unterscheidet einjährige und mehrjährige Pflanzen. Die mehrjährigen können als Stauden und Gehölze auftreten. Gehölze, also verholzende mehrjährige Pflanzen, werden hier nur am Rand behandelt, obwohl auch Bäume und Sträucher durch Samenanflug oder Ausläuferbildung zum Unkraut werden können. Einjährige Unkräuter, die den größten Teil dieser Gruppe ausmachen, vermehren sich durch eine große Anzahl von Samen, die dann zur Keimung kommen, wenn die Bedingungen für sie richtig sind. Mehrjährige „Plagekräuter" können auch durch Selbstaussaat lästig werden. In erster Linie sind sie durch ihren starken Ausbreitungsdrang, der durch oberirdische oder unterirdische Ausläufer erfolgt, eine große Plage.

Dass viele von ihnen in unseren Gärten verwendet werden und diese bei gezielter Verwendung sogar bereichern können, ist zu wenig oder gar nicht bekannt. In vielen Fällen können sie zu einer wunderbaren Artenvielfalt beitragen.

Natürlich gibt es auch Kräuter, die nicht oder nur sehr schwer zu integrieren sind.

Leider ist über die Wechselwirkungen zwischen Kulturpflanzen und Beikräutern noch zu wenig bekannt. Fest steht, dass diese vorhanden sind und ein gegenseitiger Austausch besteht, zum Beispiel durch Wurzelausscheidungen. Die Zeiten, in denen ein Garten „sauber" zu sein hatte, sind vorbei. Dennoch herrscht noch vielerorts Einfalt statt Vielfalt und monotone Pflanzungen beleidigen das Auge jedes Pflanzen- und Naturfreundes. Je länger man mit Pflanzen arbeitet, umso mehr eröffnen sich ihre speziellen Merkmale und es liegt an uns, jene Eigenschaften, die für den Garten vorteilhaft sind, zu nutzen.

In kleinen Gärten ist das Einbinden der Begleitflora in die Bepflanzung schwierig. Je größer das Areal ist, umso leichter lassen sich diese Pflanzen verwenden.

Tipp

Permakultur

Zahlreiche Anregungen zu diesem Buch kamen von der Permakultur, eine Form des Gartenbaues, die immer mehr an Bedeutung gewinnt. Permakultur beschreibt weniger eine spezielle Anbaumethode, sondern vielmehr eine Philosophie, wie landwirtschaftliche und soziale Systeme nachhaltig aufgebaut werden sollen.

Die Gestaltungen in der Permakultur gründen sich auf die Beobachtung natürlicher Systeme. Man versucht dabei, diese natürlichen Kreisläufe nachzuempfinden und dauerhafte, sich selbst erhaltende Systeme aus Pflanzen und Tieren zu entwickeln, die sich gegenseitig ergänzen und bereichern.

Für einen Permakulturgarten ist der Platzbedarf doch etwas größer, allerdings gibt es dabei fast keine Einschränkungen, was die Verwendung der Beikräuter betrifft. Denn in der großen Vielfalt, die in der Permakultur herrscht, ist für jedes Kraut der richtige Platz vorhanden und die angeführten Lebensbereiche sind nur bedingt notwendig.

Möglichkeiten zur Unkrautbekämpfung

Da der Einsatz von chemischen Maßnahmen zur Bekämpfung von Unkräutern nicht im Einklang mit der Natur steht, sind andere Methoden erforderlich, um das betreffende Kraut in Grenzen zu halten oder völlig zu entfernen.

Jäten

Das Jäten stellt nach wie vor ein wirksames Instrument dar, wenn die Arbeit zur richtigen Zeit durchgeführt wird. Sind die Kräuter schon zu groß, um im Ganzen als Mulchdecke liegen zu bleiben, sollten sie mit einer Grasschere zerkleinert werden, denn die kleineren Stücke verrotten leichter.

Mulchen der Kulturfläche

Beim Mulchen wird der nackte Boden mit Grasschnitt oder anderem organischen Material bedeckt.

Mulchen hat viele Vorteile:

- Die Bodenbedeckung verhindert das Keimen von Samen.
- Der Boden ist bei intensiver Besonnung vor dem Austrocknen geschützt.
- Die Mulchschicht schützt bei starken Niederschlägen vor Auswaschung.

Der Mulch dient auch als Nährstofflieferant, da durch die Zersetzung die Nährstoffe direkt abgegeben werden.

Trotz der Mulchdecke, die nicht zu dick sein soll, wachsen immer wieder Pflanzen durch, die aber leicht herausgezogen werden können. Nur bei trockenem, warmem Wetter lässt man die Pflanzen als Ergänzung zum Mulch liegen, sonst würden sie weiterwachsen. Wird Grasschnitt zum Mulchen verwendet, muss man diesen etwas anwelken lassen, das heißt, man lässt ihn einen Tag liegen, bevor er als Mulch zum Einsatz kommt. Damit kein Fäulnisprozess entsteht, kann Steinmehl aufgebracht oder eine EM-Lösung (EM = Effektive Mikroorganismen) gesprüht werden.

Bearbeiten

Bei trockenem, sonnigem Wetter werden die aufgelaufenen Samenunkräuter mit einer Harke oder einem ähnlichen Werkzeug bearbeitet. Dabei löst man die Pflanzen vom Boden. Sie liegen oben auf, vertrocknen sehr rasch und können als Mulch liegen bleiben. Alle diese Arbeiten liefern organische Masse, die als Flächenkompost dient. Die Nährstoffe, welche durch die Zersetzung frei werden, kommen unmittelbar den Kulturpflanzen zugute. Offener Boden sollte nach Möglichkeit nie ungeschützt sein. Als Mulch wird meistens Grasschnitt verwendet.

Die Bodendeckung durch Mulch wirkt sich positiv auf Kulturflächen aus.

Die Verwendung von schwarzer Mulchfolie schützt Gemüse- und Salatpflanzen vor unerwünschten Wildkräutern.

Abdecken mit Mulchfolie

Diese Methode ist vor allem bei größeren Flächen sinnvoll und hilft, auch hartnäckige Wurzelunkräuter loszuwerden. Die schwarze Mulchfolie muss eine ganze Vegetationsperiode lang, vom Frühling bis zum Herbst, aufliegen. Die Pflanzen beginnen zwar mit dem Wachstum, können infolge des Lichtmangels jedoch nicht assimilieren und gehen zugrunde. Der Einsatz von Begrenzungsstreifen ist dort angebracht, wo Wildkräuter aus einem bestimmten Areal nicht in angrenzende Beete wachsen sollen. Diese müssen allerdings tief genug in die Erde reichen, um den gewünschten Erfolg zu erzielen.

Verbrennen

Das Verbrennen ist eine mechanisch-physikalische Maßnahme, die gute Ergebnisse erzielt. Allerdings ist die thermische Behandlung durch Verbrennen nur auf Wegen und Plätzen möglich. Mittels Gasflamme und geeignetem Brenner können hohe Temperaturen erreicht werden. Diese Methode muss allerdings mehrmals angewandt werden, um Erfolg zu haben, da nach der ersten Anwendung der Boden für die Keimung der lagernden Samen erst richtig aufgeschlossen wird. Im bepflanzten Bereich kann das Verbrennen nicht angewendet werden.

Chemische Bekämpfung

Obwohl die chemische Bekämpfung im Hobbygarten nicht notwendig ist, soll sie hier doch erwähnt werden. Der Handel bietet in den Gartencentern und Gartenabteilungen der Baumärkte chemische Herbizide an. Wenn der Einsatz von Herbiziden unbedingt notwendig ist, sollte man solche verwenden, die aus pflanzlichen Rohstoffen hergestellt werden. Diese Art von Mitteln wird sehr schnell abgebaut. Beim Einsatz aller Herbizide ist die Gebrauchsanweisung genau zu befolgen.

Pflanzen-gesellschaften

Woher kommen Unkräuter und Beikräuter?

Wie aus der folgenden Aufstellung zu ersehen ist, stammen viele Begleitpflanzen aus ganz bestimmten Pflanzengesellschaften und haben von dort ihren Weg in die Gärten genommen. Etliche davon gelten als vom Aussterben bedroht, stehen also auf der „Roten Liste der gefährdeten Pflanzen" und sind schon aus diesem Grund erhaltungswürdig. Viele Unkräuter kann man auch als „Fremdlinge" bezeichnen, die eingeschleppt wurden. Ihre Heimat befindet sich oft in anderen Kontinenten. Manche der eingewanderten Pflanzen, zum Beispiel das Drüsige Springkraut *(Impatiens glandulifera)*, wurden in bestimmten Bereichen zur Bedrohung der heimischen Florenvielfalt, sie werden deshalb auch als „Aliens" bezeichnet.

An dieser komprimierten Aufzählung ist zu ersehen, dass manche Beikräuter in mehreren Gesellschaften vorkommen können. Es ist daher natürlich, dass Gärten, die sich in der Nähe der angeführten Gesellschaften befinden, auch bald von der entsprechenden Begleitflora besiedelt werden.

Gefährdete Begleitpflanzen

Unter Segetalgesellschaften sind die verschiedenen Typen der Begleitvegetation der Äcker und Weingärten zu verstehen. Durch Einsatz von Herbiziden, maschinelle Bodenbearbeitung und Saatgutreinigung kam es zu einem starken Rückgang vieler Ackerwildkräuter, sodass einige davon nun auf der „Roten Liste" stehen.

Die hier genannten Segetalgesellschaften mit der entsprechenden Begleitflora sollen zeigen, dass viele der angeführten Pflanzen lange Zeit vom Aussterben bedroht waren und zum Teil noch immer sind. Einige sind Ihnen sicher schon im eigenen Garten begegnet und wurden weggejätet oder belassen, weil sie doch schön anzusehen waren. Die meisten von ihnen werden auch in diesem Buch vorgestellt.

Acker-Spark

Pflanzen der Ackerränder, Brachen und Weinberge

Gelbliches Ruhrkraut *(Gnaphalium luteoalbum)*, Acker-Ringelblume *(Calendula arvensis)*

Pflanzen der Acker-Unkrautgesellschaften

Acker-Meier *(Asperula arvensis)*, Kahles Ferkelkraut *(Hypochaeris glabra)*, Acker-Spark *(Spergula arvensis)*, Rauhaariger Eibisch *(Althaea hirsuta)*, Acker-Gauchheil *(Anagallis arvensis)*, Nördlicher Mannsschild *(Androsace septentrionalis)*, Acker-Stiefmütterchen *(Viola arvensis)*

Pflanzen der Getreide- und Schutt-Unkrautgesellschaften

Gewöhnlicher Venuskamm *(Scandix pecten-veneris)*, Acker-Schwarzkümmel *(Nigella arvensis)*

Pflanzen der Getreideäcker und Brachen

Sommer-Adonisröschen *(Adonis aestivalis)*, Echter Frauenspiegel *(Legousia speculum-veneris)*

Pflanzen der Getreide-Unkrautgesellschaften

Großer Mannsschild *(Androsace maxima)*, Flammen-Adonisröschen *(Adonis flammea)*, Gewöhnliche Kornrade *(Agrostemma githago)*, Strahlen-Breitsame *(Orlaya grandiflora)*, Acker-Klettenkerbel *(Torilis arvensis)*, Sandmohn *(Papaver argemone)*, Klatschmohn *(Papaver rhoeas)*, Kuhkraut *(Vaccaria hispanica)*, Acker-Meier *(Asperula arvensis)*, Kornblume *(Centaurea cyanus)*, Acker-Rittersporn *(Consolida regalis)*

Pflanzen der Hack-Unkrautgesellschaften und Weinberge

Acker-Krummhals *(Anchusa arvensis)*

Pflanzen der Leinäcker

Flachs-Leimkraut *(Silene linicola)*

Pflanzen der Schlammufer, Teiche und Gräben

Kleines Flohkraut *(Pulicaria vulgaris)*, Kleines Mäuseschwänzchen *(Myosurus minimus)*

Pflanzen der Sandrasen und Böschungen

Kegelfrüchtiges-Leimkraut *(Silene conica)*, Kuhkraut *(Vaccaria hispanica)*

Pflanzen der Schutt-Unkrautgesellschaften

Sandwegerich *(Plantago indica)*, Pfeilkresse *(Cardaria draba)*

Pflanzen der Trockenrasen und Sandäcker

Früher Ehrenpreis *(Veronica praecox)*

Pflanzen der Wegränder und Äcker

Acker-Glockenblume *(Campanula rapunculoides)*

Pflanzen der Weinberg-Unkrautgesellschaften

Rundblättriger Storchschnabel *(Geranium rotundifolium)*

Pflanzen der Weinberge, Getreideäcker und Brachen

Gelber Günsel *(Ajuga chamaepitys)*
Acker-Gauchheil *(Anagallis arvensis)*

Die „Rote Liste der gefährdeten Pflanzen"

In der „Roten Liste der gefährdeten Pflanzen" wird das fortschreitende Verschwinden unserer Pflanzenarten dokumentiert. Biotopzerstörung und -veränderung sind als Ursachen der Schädigung und Vernichtung von Pflanzenvorkommen von großer Bedeutung. In der oft sehr engen Bindung der Pflanzenarten an bestimmte Biotop- und Vegetationstypen liegt deshalb ein entscheidender Schlüssel für das Ausmaß und die Ursachen der Gefährdung der Arten.

Österreich

Das Gesamtbild, das sich aus der „Roten Listen der gefährdeten Pflanzen" ergibt, ist Besorgnis erregend. Die Anzahl der Farn- und Blütenpflanzen umfasst in Österreich ca. 2.950 Arten (inklusive der ausgestorbenen und verschollenen Arten). 1.187 Pflanzenarten (40,2 %) stehen auf der „Roten Liste".

1,2 % der ehemals heimischen Farn- und Blütenpflanzen sind in Österreich bereits ausgerottet, ausgestorben oder verschollen. 33,4 % sind im gesamtösterreichischen Maßstab aktuell gefährdet, weitere 20,7 % sind regional, d. h. in einem, wenn nicht in mehreren der großen Naturräume Österreichs aktuell gefährdet oder verschwunden; 5,6 % sind wegen ihrer Seltenheit potenziell gefährdet.

Zuordnung der im Buch vorgestellten Pflanzen in der „Roten Liste der gefährdeten Pflanzen" in Österreich:

Stufe 0	=	ausgestorben
Stufe 1	=	vom Aussterben bedroht
Stufe 2	=	stark gefährdet
Stufe 3	=	gefährdet
Stufe r	=	regional gefährdet

Der Strahlen-Breitsame gilt als stark gefährdet und wird in der „Roten Liste" der Stufe 2 zugeordnet.

Deutschland

In der „Roten Liste" werden alle aufgeführten Einheiten bezüglich ihrer Gefährdung bewertet:

+) Gefährdung in den Regionen Tiefland, Hügelland und Alpen
+) Ursachen der Gefährdung
+) Hintergründe zur Gefährdungsanalyse

Für die „Rote Liste der gefährdeten Pflanzen" wurden von den 28.000 in Deutschland beheimateten Arten 13.835 Arten (knapp 50 %) auf ihre Gefährdung hin untersucht und bewertet. Das Ergebnis ist auch hier Besorgnis erregend:

4 % ausgestorben
5 % vom Aussterben bedroht
9 % stark gefährdet
12 % gefährdet
3 % Gefährdung anzunehmen
17 % extrem selten

Garten-Lebensbereiche für Beikräuter

Ein wichtiger Ansatz für die Eingliederung von Beikräutern ist der Begriff der Lebensbereiche, auf die immer wieder hingewiesen wird. Welche Lebensbereiche kommen in Frage? In Anlehnung an die Lebensbereiche für die Verwendung von Stauden werden hier jene angeführt, die dafür geeignet sind, Beikräuter zu integrieren.
Das bedeutet umgekehrt, dass Pflanzen, die in Bereichen auftreten, für die sie nicht geeignet sind, entfernt werden müssen.

Gehölze und Gehölzränder

Zu diesen Bereichen gehören die verschiedenen Arten von Abgrenzungen des Gartens mit frei wachsenden oder geschnittenen Laub- und Nadelgehölzen. Frei wachsende Gehölzpflanzungen, sowohl heimische als auch Kulturformen, entsprechen den Anforderungen am besten. In diesen Bereichen lassen sich sehr viele Beikräuter unterbringen.

Im Gehölzsaum unter Bäumen und Sträuchern finden sie gute Bedingungen vor, selbst wenn hier entsprechende Gartenstauden angesiedelt sind. Diese Flächen bieten Lebensraum für eine vielfältige Flora und Fauna. Zu beachten ist, dass sie im Sommer meist trocken sind und einjährige Beikräuter oft vertrocknen.

Vor einem Gehölzsaum siedeln sich viele verschiedene Beikräuter an.

Es gibt nur wenig Beikräuter, die sich in Zierbeete integrieren lassen.

Ausnahmen sind zum Beispiel Pflanzungen mit Rhododendron und anderen Gehölzen, die ein humides Klima verlangen, das heißt, die stets einen feuchten Boden und viel Regen brauchen.

Geschnittene Nadelholzhecken, hierzulande meist Thujen, bieten nur wenig Raum für die Begleitflora. Die Wurzelbereiche werden zudem aus optischen Gründen oft mit Rindenmulch und anderem Material abgedeckt. Bei älteren Pflanzungen dieser Art macht sich trotz allem oft der Giersch (Erdholler) breit und belebt so diese eintönigen Gartenbereiche.

Beete

Darunter versteht man im Allgemeinen die attraktive, gepflegte Rabatte mit verschiedenen Gattungen und Arten von Gartenpflanzen und deren Kulturformen. Dazu gehören Beete mit Stauden und Kleingehölzen sowie Beete mit Wechselpflanzungen von Frühlings- und Sommerblumen. Es sind nur wenige Beikräuter, die hier zur Verwendung kommen können.

Die Bodenverhältnisse im Beet sind meist optimal. Genügend, oft auch zu viel Angebot an Nährstoffen, guter Garezustand und ideale Krümelstruktur, ausreichend Feuchtigkeit etc. bieten allen Besiedlern die besten Wachstumsbedingungen. Daher wird dieser Lebensbereich am schnellsten von Beikräutern besiedelt. Diese sind hier am wenigsten erwünscht und werden gnadenlos gejätet.

Tatsächlich ist die Eingliederung von Begleitpflanzen eher schwer durchzuführen, aber durchaus möglich. Es gehören schon das nötige Wissen und Einfühlungsvermögen dazu, um keine unliebsamen Überraschungen zu erleben. Doch gerade die gezielte Eingliederung der Begleitpflanzen kann den Reiz eines Beetes erhöhen.

Freiflächen

Dazu gehören Wege, Plätze, Felssteppen, Gestein und Geröllfluren.

Auf nicht befestigten **Wegen und Plätzen** findet sich bald eine große Anzahl von Pionierpflanzen ein. Ein gutes Beispiel dafür sind Parkplätze und freie Areale in Industriegebieten und Einkaufszentren. Aber auch auf befestigten Wegen und Plätzen finden sich immer wieder Fugen, Spalten und andere Lücken, die von den Pionieren besiedelt werden.

Felssteppen sind Bereiche in sonniger Lage, wo der Boden mit viel Steinen vermischt ist und daher bald ab- und austrocknet. Es sind einzigartige Lebensräume für selten gewordene Pflanzen, die an trockene bis wechseltrockene Standorte mit meist humusarmen Böden angepasst sind. Ihre Umwandlung in andere Lebensbereiche ist sehr aufwändig. Es ist daher besser, sie mit den entsprechenden, passenden Pflanzen zu besiedeln und die aufkommenden Beikräuter nach Möglichkeit zu belassen. Ansiedeln werden sich vor allem Pflanzen der Trockenrasen, Sandäcker und der Weinberge.

Gestein- und Geröllfluren sind oft in alpinen Gegenden und an Flussläufen anzutreffen. Im Garten und in öffentlichen Anlagen wie etwa Kreisverkehrsinseln kann auch eine Schotterschüttung, wie sie immer häufiger zu sehen ist, diese Funktion erfüllen. Zu einer Geröllflur kann auch die Schotterfüllung in der Dachtraufe gezählt werden, das ist der Streifen rund um das Haus, sofern er nicht als Weg ausgeführt ist.

Steinanlagen

Dies sind vielfach extreme Standorte mit intensiver Sonneneinstrahlung und mit – je nach Untergrund – meist trockenen bis feuchten Substraten. Zu den Steinanlagen zählen **Treppen, Trockenmauern, Steingärten** und die in letzter Zeit häufig errichteten **Zyklopenmauern** aus riesigen Gesteinsblöcken.

Treppenanlagen sind oft in Beton verlegt, Bewuchs ist daher selten möglich.

An **Mauern** gibt es je nach Ausrichtung sonnige, halbschattige und bei Nordausrichtung auch sehr schattige Bereiche. Entsprechend bieten sie Lebensräume für vielerlei Pflanzen. Die Trockenmauer leitet sich von der Bauweise her, die Steine werden trocken, das heißt ohne Verwendung von Mörtel aufgesetzt. Die Fugen bleiben frei oder werden mit Erde aufgefüllt und bilden somit die Voraussetzung für die Ansiedlung von entsprechenden Pflanzen. Für Tiere bieten sich gute Unterschlupfmöglichkeiten. Mauern aus Löffelsteinen können je nach Lage und Bodenmaterial verschiedenen Pflanzen als Standort dienen.

Es sollten eher klein bleibende, flachwüchsige oder hängende Arten zum Einsatz kommen.

Der **Steingarten** ist in seiner richtigen Ausführung selten anzutreffen. Meist sieht man in Gärten Böschungen, die mit Steinen, oft in ungeeigneter Anordnung, belegt sind. Dazu gesellen sich dann Polsterstauden und Kleingehölze in kunterbunter Mischung. Bisweilen ergibt sich ein harmonisches Zusammenspiel der einzelnen Pflanzen, oft jedoch wirkt so eine Anlage eher chaotisch. Hier können klein bleibende, polsterwüchsige oder kriechende Beikräuter sehr gut integriert werden.

Auch in einem richtigen Steingarten *(Alpinum),* der vor allem mit Alpenpflanzen und anderen seltenen Kleinstauden und Zwerggehölzen bepflanzt wurde, ist es durchaus möglich, entsprechende Begleitpflanzen zu belassen.

Oft ist das von der Terrasse abfallende Gelände als **„Trockenhügel"** zu bezeichnen. Meist wird er mit bodendeckenden Gehölzen bepflanzt, was anfänglich gut aussieht. Aber ohne ständige Pflege siedeln sich bald ausdauernde Begleitpflanzen an und bringen den Gärtner zur Verzweiflung. Es ist daher gerade in diesem Lebensbereich erforderlich, die richtige Pflanzenwahl zu treffen. Dann können die auftretenden Begleitpflanzen auch zu einer Bereicherung werden.

Steingärten können ganz unterschiedlich aussehen und sogar mit kleinen Gewässern kombiniert sein.

Wasser, Wasserrand und feuchte Bereiche

Feuchtbiotope sind seit vielen Jahren Bestandteil von Gärten, die es in zahlreichen Varianten gibt. Sie bereichern einen Garten und bieten eine gute Möglichkeit, Tiere und Pflanzen zu beobachten. Zur Eingliederung von Beikräutern kommen am

Bei Feuchtbiotopen finden sich die meisten Begleitpflanzen in der Uferzone.

ehesten die an das Wasser angrenzenden **Uferzonen** in Frage.

Auch natürliche feuchte Zonen, wie sie sich bedingt durch Bodenverhältnisse bilden, sind hier zu erwähnen. Es sei jedoch darauf hingewiesen, dass sich in diesem Lebensbereich viele Begleitpflanzen einstellen, auch solche, die zwar nicht hinpassen, aber aufgrund der guten Lebensbedingungen ein üppiges Wachstum entfalten. Hier muss oft entschieden eingegriffen werden. Es gibt darüber im Gegensatz zu den Trockenbereichen eine große Anzahl an weiterführender Literatur.

Sumpfwiesen sind in Gärten kaum anzutreffen. In der Natur beherbergen sie oft seltene Pflanzen, die durch massive Trockenlegungen in ihrem Bestand bedroht und teilweise ausgestorben sind. Es sind oft Übergangszonen, sie können auch dem Lebensbereich Wiese zugeordnet werden.

Wiesen und Rasen

Wiesen sind Kunstgebilde. Sie entstanden erst nach der Erfindung der Sense in der Eisenzeit. Eine Wiese entsteht, wenn das Gras mindestens einmal jährlich gemäht und entfernt wird. Entfällt die Mahd, so „verbuscht" die Fläche wieder und der Wald erobert das verlorene Gelände zurück.

Der **Rasen** ist die extremste Form und in den Gärten am weitesten verbreitet. Er erfordert intensive Pflege, Düngung und Bewässerung und war früher das Aushängeschild eines gepflegten Gartens. Wehe, wenn sich Löwenzahn oder Gänseblümchen in den Rasen verirrten. Sie wurden unbarmherzig entfernt.

Zum Glück hat sich diese extreme Einstellung geändert und viele Gartenbesitzer haben gegen einen bunten Rasen nichts einzuwenden. Auch dieser wird regelmäßig gemäht, aber nicht so intensiv gepflegt.

Dafür nimmt die **Blumenwiese** immer mehr Raum ein. Blumenwiesen treten üblicherweise als Trocken- und Halbtrockenrasen in Erscheinung und sind auf diesen Standorten auch leichter anzulegen. In einer ganz normalen Wiese, die mit dem Rasenmäher regelmäßig gemäht wird, siedeln sich im Laufe der Zeit alle möglichen, meist ausdauernden Pflanzen an. Sie erfüllt dann viele Funktionen und ist wesentlich besser als der „Englische Rasen". Magerrasen brauchen wenig Pflege, sie werden nur einmal, am besten im Herbst, gemäht. Das Schnittgut muss entfernt werden, um keinen Nährstoffrücklauf zu erhalten. Eine Neuanlage ist relativ einfach möglich, bisweilen bildet sie sich von selbst, ein Beispiel dafür sind Straßenböschungen. Eine derartige Wiese entwickelt erst im Laufe der Zeit ihre volle Artenvielfalt.

Trocken- und Halbtrockenrasen sind kräuterreiche Rasengesellschaften trockener bis wechseltrockener Böden auf Fels (vor allem Kalk), Sand und Kies mit schlechter Wasserversorgung und in klimatisch extremen Lagen. Der hohe Anteil an Insektenblütlern (Kräuter) prägt den Trockenrasen. Der Blütenhöhepunkt liegt im zeitigen Frühling (Frühlingsannuelle) und Frühsommer.

Mischkulturen im Gemüsegarten helfen mit, den Jätaufwand gering zu halten.

Nutzgarten

Dazu gehören jene Bereiche, die in erster Linie für die Kultur von Gemüse und anderen einjährigen Nutzpflanzen vorgesehen sind. Sie zeichnen sich vor allem im Frühling durch viel offenen Boden aus, der im Zuge der fortschreitenden Vegetation immer mehr bedeckt wird. Dadurch sind die Flächen ideale Standorte für alle Pionierpflanzen, die offenen Boden besiedeln und daher viel Jätarbeit verursachen. Hier sollte das Prinzip der Misch- bzw. Permakultur mehr Beachtung finden.

Die frühen Bauerngärten waren wunderbare Beispiele für die Pflanzenvielfalt, wie sie in einem Garten vorkommen kann oder besser sollte – im Gegensatz zur Eintönigkeit, die heute oft vorherrscht.

Bodenbedeckung durch Mulchen reduziert die Ansiedlung von Begleitpflanzen. Jene, die auftreten, können meist belassen werden oder selbst als Mulch dienen.

Pflanzen-beschreibungen

Informationen zum Lesen und Verwenden der Pflanzenbeschreibungen

Die bei den einzelnen Pflanzen angeführten Lebensbereiche dienen als Entscheidungshilfe dafür, ob und wo das auftretende Beikraut belassen werden kann.

Lebensbereiche

1 = Gehölze und Gehölzränder
2 = Beete
3 = Freiflächen
4 = Steinanlagen
5 = Wasser, Wasserrand und feuchte Bereiche
6 = Wiesen und Rasen
7 = Nutzgarten
Ø = keine Verwendung

Symbole und ihre Eigenschaften

✿	Blüte
⬭	Blatt
♣	Fruchtschmuck
✂	für den Schnitt geeignet
⊙	einjährig
⊙⊙	zweijährig
♃	Staude
♄	Gehölz
↑	aufrecht
§	windend oder kletternd
∿→	kriechend, Wurzelausläufer
≡	starke Verbreitung
W	Wildgemüse
⚕	Heilpflanze
☠	giftig
🖐🖐	Hände weg

Die Aufzählung erfolgt nach Familien geordnet, damit die Ähnlichkeit der einzelnen Gattungen und Arten gut zur Geltung kommt. Auch für den Hobbygärtner ist das Wissen um die systematische Gliederung von Nutzen, da Gattungen und Arten oft verwechselt werden. Anhand eines Beispieles sei dies vereinfacht dargestellt:

Die systematische Gliederung

Reich:	Pflanzenreich
Unterreich:	Samenpflanzen *(Spermatophyta)*
Abteilung:	Bedecktsamige *(Magnoliophytina, Angiospermae)*
Klasse:	Zweikeimblättrige *(Magnoliopsida, Dicotyledonae)*
Unterklasse:	Asteridae
Ordnung:	Asterales
Unterordnung:	–
Familie:	Korbblütler *(Asteraceae)*
Gattung:	Goldrute *(Solidago)*
Art:	Kanadische *(canadensis)*
Unterart:	–
Varietät:	–
Sorte:	'Strahlenkrone'

Beikräuter als Zeigerpflanzen

Wichtiger als die systematische Gliederung ist die Kenntnis der ökologischen Faktoren, die für das Auftreten bestimmter Pflanzen verantwortlich sind. Viele Beikräuter sind Zeigerpflanzen, sie treten nur unter ganz bestimmten Verhältnissen auf.

Bodenart, -typ und -profil

Ein Überblick über die häufigsten Bodenarten

Steinböden:	Steingemenge verschiedener Größe, wenig nutzbar
Sandböden:	durchlässig, leicht erwärmbar, meist trocken, organische Umsetzung erfolgt schnell, Verbesserung durch Torf, Kompost, Lehm, Tonmehl
Lehmböden:	wechselnde Mengen von Sand und Ton, gute Kulturböden, genügend Nährstoffe, werden nicht leicht ausgewaschen, Verbesserung je nach Erfordernis
Tonböden:	schwere, kalte Böden, schwer zu bearbeiten, nährstoffreich, schlechte Luftführung, gutes Wasserhaltevermögen, Verbesserung durch Zugabe von Sand, Torf und Kompost

Weitere Faktoren, die von Pflanzen angezeigt werden

Säure:
Pflanzen zeigen den Säure- oder Basengrad des Bodens an.
Lichtverhältnisse:
Schatten-, Halbschatten-, Licht- und Starklichtzeiger
Temperatur:
Kältezeiger, Kühle-, Wärme- und Hitzezeiger
Wasser:
Trocken-, Frische-, Feuchte- und Nässezeiger
Nährstoffversorgung:
Boden reich oder arm an verfügbaren Nährstoffen

Die chemischen Abkürzungen der Nährstoffe

N	=	Stickstoff
P	=	Phosphor
K	=	Kali
Ca	=	Kalzium
Fe	=	Eisen
Mg	=	Magnesium
S	=	Schwefel

Erklärung häufiger botanischer Begriffe

Hier sind noch einige Begriffe erläutert, die meist falsch verwendet werden, sich aber in unseren Sprachgebrauch so eingebürgert haben.
Staude:
Hierbei handelt es sich um mehrjährige Pflanzen, die keine holzigen Triebe ausbilden und deren oberirdische Teile in den meisten Fällen im Winter absterben. Nur das unterirdische Organ (Wurzelstock, Zwiebel, Knolle, Rhizom) überwintert und treibt im Frühling neu aus.
Gehölz:
Dieses ist ausdauernd und bildet holzige Teile (Stamm, Äste, Zweige) aus. So sind beispielsweise Flieder, Holunder oder Rose keine Stauden, sondern Gehölze.
Kraut:
Dabei handelt es sich um ein- und zweijährige Pflanzen.
Annuelle oder einjährige Pflanze:
Der gesamte Vegetationsablauf findet in einer Vegetationsperiode statt.
Bienne oder zweijährige Pflanze:
Diese Pflanze macht im ersten Jahr die vegetative Phase mit der Bildung von Blättern oder Blattrosette durch und im zweiten Jahr die generative Phase mit der Bildung von Blüten und Samen. Danach stirbt sie ab. Natürlich gibt es auch Übergangs- und Zwischenformen.

Viele Beikräuter sind Zeigerpflanzen, die nur unter ganz bestimmten Verhältnissen auftreten.

Die botanischen Namen wurden vorwiegend der 17. Auflage des Handwörterbuchs der Pflanzennamen (Zander) entnommen, bei einigen blieb es jedoch bei der altbekannten Bezeichnung. Die deutschen Namen sind ebenfalls sehr unterschiedlich, es werden die geläufigsten, wenn nötig mehrere angeführt. **Synonyme** sind botanische Bezeichnungen, die nicht mehr korrekt sind. Bezüglich der Verwendung als Wildgemüse und Heilpflanzen gibt es umfangreiche weiterführende Literatur.

Amaranthaceae
Fuchsschwanzgewächse

Fuchsschwanzgewächse sind meist einjährige Kräuter mit hängenden oder aufrechten Blütenständen in vorwiegend grünen und roten Blütenfarben. Die Gattung *Amaranthus* beinhaltet an die 900 Arten, die sowohl Unkräuter als auch Nutzpflanzen sein können. Die Heimat der meisten Arten ist Amerika, vor allem Südamerika. Von dort erfolgte die Verbreitung über die ganze Erde. In Südeuropa waren vermutlich nur zwei Arten heimisch, *Amaranthus graecizans* und *Amaranthus lividus*.

Alle Arten lieben warme und nährstoffreiche Böden und benötigen mehr Licht und Temperatur zur Keimung. In der Landwirtschaft hat sich der Amaranth in Kulturen, die erst später angebaut werden, stark ausgebreitet. In den Gärten treten willkürliche Kreuzungen verschiedener Arten auf, die nicht bestimmbar sind.

Als Zierpflanze wird der Amaranth auch Fuchsschwanz genannt, er kann sich bei günstigen Voraussetzungen im Garten stark ausbreiten.

Zurückgekrümmter Fuchsschwanz

Zurückgekrümmter Fuchsschwanz
Amaranthus retroflexus

Eigenschaften: ⊙ ≡ W

Der Zurückgekrümmte Fuchsschwanz stammt aus Nordamerika. Er ist ein Ackerunkraut, das vor allem auf nährstoffreichen, durchlässigen Böden vorkommt. Die Pflanze wächst in warmen Sommern besonders stark, bildet reichlich Samen aus und vermehrt sich durch Selbstaussaat.

Möglicher Lebensbereich: Ø

Ein Vertreter der Gattung
Amaranthus caudatus

Aufsteigender Fuchsschwanz
Amaranthus blitum (Amaranthus lividus)

Eigenschaften: ⊙ ≡ W

Die Pflanze gedeiht in Unkrautfluren, auf Äckern, an Wegrändern, in Gärten und auf Schuttplätzen. Sie wird auch als „Bläulicher Fuchsschwanz" bezeichnet. Die Blätter haben oft weißliche oder rötliche Flecken, sind buchtig gerandet und können in der Küche verwendet werden.

Mögliche Lebensbereiche: 2, 7

Garten-Fuchsschwanz

Garten-Fuchsschwanz
Amaranthus caudatus

Eigenschaften: ⊙ ✿ W

Der Garten-Fuchsschwanz ist als „Inka-Weizen" eine Nutzpflanze. Seine Samen enthalten mehr Eiweiß als Getreide, aber kein Kleber bildendes und sind daher als Diätkost und Nahrung für Kleinkinder geeignet. Er findet seinen Platz in der Blumenrabatte, wo er eine Höhe von über 1 m erreichen kann. Die elegant überhängenden roten Blütenrispen finden in der Floristik Verwendung.

Möglicher Lebensbereich: 2

Amaranthus paniculatus

Amaranthus paniculatus

Eine weitere den Zierpflanzen zuzuordnende Art ist *Amaranthus paniculatus*, von dem es ebenfalls schöne Sorten gibt. Alle Arten, die sich durch Sämlinge zu stark ausbreiten, können durch Bearbeitung erfolgreich verhindert werden.

Möglicher Lebensbereich: 2

Apiaceae
Doldengewächse

Diese Familie wurde früher als *Umbellifera*e bezeichnet. Sie umfasst viele sehr ähnliche Gattungen, deren Unterscheidung oft schwierig ist, denn dazu müssen neben den Blüten auch die Samenmerkmale bekannt sein.

Die meisten Vertreter sind Pflanzen unserer Wiesen, sowohl der feuchten wie auch der trockenen Zonen, von Tallagen bis in die alpinen Regionen. Darunter gibt es zahlreiche Gartenpflanzen. Vor allem unter den Gemüse- und Gewürzpflanzen finden sich bekannte Vertreter wie Dill, Kerbel, Kümmel, Koriander, Fenchel, Petersilie, Karotte, Sellerie und Pastinak. Die Zierpflanzen unter den Doldengewächsen gehören zu den Gattungen Sterndolde *(Astrantia)*, Herkuleskraut *(Heracleum)*, Süßdolde *(Myrrhis)*, Mannstreu *(Eryngium)* und andere.

Einige Vertreter der Doldengewächse eignen sich sehr gut zum Auflockern von höheren Staudengruppen oder zwischen Gehölzen.

Strahlen-Breitsame

Strahlen-Breitsame
Orlaya grandiflora

Eigenschaften:

Rote Liste: Stufe 2 = stark gefährdet

Das einjährige Kraut ist ein Element der Weinberge und Trockenwiesen auf kalkhaltigen Böden und beeindruckt durch einen schönen Blütenstand. Da es nicht wuchert, kann es in fast allen Bereichen des Gartens belassen und auch in Sommerblumenpflanzungen, Blumenwiesen und zwischen Stauden verwendet werden.

Mögliche Lebensbereiche: 2, 6

Geißfuß, Gewöhnlicher Giersch

Aegopodium podagraria

Eigenschaften:

Dieser in Gärtnerkreisen sehr unbeliebte Geselle kann als Unterwuchs unter Sträuchern und Bäumen verwendet werden.

Er ist ein Zeiger für stickstoffreichen Boden. Sein starker Ausbreitungsdrang begrenzt den Einsatz auf Flächen, wo keine anderen Pflanzen vorkommen und wo keine Pflege möglich ist. Grenzt er an Staudenrabatten, können Wurzelsperren Erfolg haben. Nur im zeitigen Frühling, sobald er durchgetrieben hat, lässt sich der Giersch leicht aus dem Boden ziehen. Im humosen Boden lassen sich die Triebe leichter entfernen. Seine Frühlingstriebe sind auch als Wildgemüse zu verwenden.

Im Handel gibt es auch die Formen 'Aureovariegata' mit gelb gerandeten Blättern und die buntblättrige 'Variegata', die nicht so wüchsig sind und gezielt für Unterpflanzungen verwendet werden.

Möglicher Lebensbereich: 1

Gewöhnlicher Giersch

Acker-Klettenkerbel und Gewöhnlicher Klettenkerbel

Torilis arvensis — *Torilis japonica*

Eigenschaften:

Eigenschaften:

Die beiden Arten sind einander sehr ähnlich. Sie unterscheiden sich hauptsächlich durch die Früchte. Die Pflanzen werden bis 150 cm hoch und weisen zahlreiche kleine Blütendolden auf, die manchmal leicht rosa überlaufen sind. Die Blüten werden gerne von Fliegenarten und anderen Insekten besucht und sind gut für die Verwendung zwischen höheren Stauden und unter Gehölzen geeignet, aber auch in der Floristik zum Auflockern von Blumensträußen. Die Verbreitung erfolgt durch Tiere, wobei die Samen im Fell haften.

Mögliche Lebensbereiche: 1, 2

Gewöhnlicher Klettenkerbel

Große Knorpelmöhre
Ammi majus

Eigenschaften:

Eine Pflanze der Äcker und Schuttplätze, die aus Südeuropa einwandert. Sie lässt sich jedoch, wie viele Vertreter dieser Familie, leicht im Garten einfügen. Sie wird bis über 1 m hoch, lockert durch die zarten Blütendolden und die Blätter auf und wirkt nicht wuchtig oder verdrängend. Die Vermehrung durch Selbstaussaat hält sich in Grenzen. In manchen Fällen wird sie als Heilpflanze angeführt. Ich habe sie als Begleitpflanze in einem englischen Garten gesehen, in dem zahlreiche heimische Pflanzen in verschiedenen Bereichen integriert sind.

Mögliche Lebensbereiche: 1, 2

Pastinaca sativa spp. *sativa*

Gewöhnlicher Venuskamm

Pastinak
Pastinaca sativa

Eigenschaften: W

Eine bis 2 m hohe Pflanze der Wiesen, Böschungen und Unkrautfluren, sie gedeiht auf nicht zu trockenen Standorten. Im Juli und August fällt sie durch die gelben Blütendolden auf. Durch den lockeren Wuchs ist der wilde Pastinak als Lückenfüller zwischen Stauden und Gehölzen geeignet. Auch als Auflockerung für Blumensträuße kann er verwendet werden.

Mögliche Lebensbereiche: 1, 5

Gewöhnlicher Venuskamm
Scandix pecten-veneris

Eigenschaften: W

Rote Liste: Stufe 2 = stark gefährdet

Der Venuskamm ist ein einjähriges Kraut mit kleinen weißen Blüten und wird bis 30 cm hoch. Ursprünglich ein Unkraut der Getreidefelder und Trockenrasen. Gehört zu den seltenen Kräutern, die stark gefährdet sind. Der Name kommt von den Fruchtständen, die bis zu 6 cm lang werden und kammartig ausgebildet sind. Verursacht als Beikraut kein Problem, da keine starke Verbreitung erfolgt.

Mögliche Lebensbereiche: 6, 7

Wilde Möhre, Wilde Karotte

Daucus carota

Eigenschaften: ⊙ ✿ W

Die Wilde Möhre ist ein einjähriges Kraut mit weißen Doldenblüten, das auf basenreichen, eher trockenen, sonnigen Flächen, meist Straßenböschungen und Bahndämmen, vorkommt. Typisch sind die Blütenstände, die sich nach der Blüte oben zusammenschließen. Die Wilde Möhre ist die Ausgangsform unserer hoch gezüchteten Sorten, hat aber einen größeren gesundheitlichen Wert. Sie verirrt sich selten in Gärten, findet aber im Nutzgarten oder auf Freiflächen günstige Bedingungen.

Mögliche Lebensbereiche: 3, 7

Wiesen-Bärenklau

Heracleum sphondylium

Eigenschaften: ✿ ♃ W

Dieser Doldenblütler ist eine Pflanze der Fettwiesen, Auwälder und Hochstaudenfluren und häufig in Wiesen zu sehen. Vereinzelt siedelt er sich im Garten in feuchteren Zonen wie etwa an Teichrändern an. Die Pflanze hat einen strengen, eigenartigen Geruch, vermehrt sich mäßig durch Selbstaussaat und kann leicht unter Kontrolle gehalten werden. Einzelne Exemplare sind für feuchte Standorte durchaus zu empfehlen.

Mögliche Lebensbereich: 5

Wiesen-Bärenklau

Tipp

Achtung!

Gefährlich ist eine verwandte Art aus dem Kaukasus, der Riesen-Bärenklau *(Heracleum mantegazzianum* ☝☝*)*, der über 3 m hoch wird. In Verbindung mit Sonnenlicht können bei dessen Berührung schlimme Brandblasen entstehen. Sollte sich diese Art im Garten einfinden, müssen die Blüten sofort nach der Blüte zurückgeschnitten werden, um die starke Verbreitung zu verhindern.

Asteraceae
Korbblütengewächse

Die Familie der Korbblütengewächse (früher *Compositae*) ist die größte Familie innerhalb der zweikeimblättrigen Pflanzen. Sie ist über die ganze Erde verbreitet und umfasst etwa 920 Gattungen und 19.000 Arten sowie unzählige Sorten. Es handelt sich um einjährige Kräuter und ausdauernde Stauden; wenige von ihnen verholzen. Letztere kommen meist in wärmeren Gegenden vor und sind bei uns oft als sommerblühende Kübelpflanzen (Strauchchrysanthemen) bekannt.

Das Erscheinungsbild der Blüten ist so typisch, dass sich die Zugehörigkeit zu dieser Familie meist leicht bestimmen lässt. Ein Großteil der Gartenpflanzen, sowohl der Zier- als auch der Nutzpflanzen, sind Korbblütler wie zum Beispiel Astern, Chrysanthemen, Dahlien, Ringelblumen, Kopfsalat, Endivie, Löwenzahn oder Sonnenblume. Von den Beikräutern gibt es weit mehr, als hier behandelt werden können.

Acker-Hundskamille

Acker-Hundskamille
Anthemis arvensis

Eigenschaften: ⊙ ✿

Die Acker-Hundskamille kommt recht häufig auf Äckern, Getreidefeldern und Schuttplätzen vor. Sie wird bis 50 cm hoch, die Blätter sind zwei- bis dreifach fiederschnittig, die Zungenblüten weiß, die Röhrenblüten gelb und einzeln stehend. Die Pflanze ist wenig aromatisch und keine Heilpflanze. Sie ist ein Kulturbegleiter seit der jüngeren Steinzeit und wächst auf allen Böden.

Möglicher Lebensbereich: 3

Acker-Ringelblume
Calendula arvens

Acker-Ringelblume

Eigenschaften: ⊙ ✿ W

Die Pflanze stammt aus dem Mittelmeergebiet und kommt eher selten auf Ödland, trockenen Weiden und in Weingärten vor. Sie ist mit der Garten-Ringelblume *(Calendula officinalis)* verwandt, hat aber kleinere Blüten. Als Heilpflanze ist sie nicht gekennzeichnet. Tritt sie auf, gibt es keine Probleme, da die Vermehrungsrate nicht groß ist. Man kann sie in vielen Gartenbereichen belassen.

Mögliche Lebensbereiche: 2, 7

Acker-Kratzdistel
Cirsium arvense

Acker-Kratzdistel

Eigenschaften: ♃ ≡ W

Die Acker-Kratzdistel hat sich in den letzten Jahren stark ausgebreitet. Bedingt durch die Stilllegung von Feldern (Brache über einen längeren Zeitraum) konnte sich die Pflanze durch Samenflug stark vermehren und ist nunmehr allerorts vorhanden. Die Samen werden vom Distelfink gerne gefressen, allerdings gibt es nicht so viele Vögel, um den Bestand an Disteln zu verringern. Wenn sich im Garten Exemplare ansiedeln, können einige im Hintergrund im Strauchgürtel stehen bleiben. Will man eine Selbstaussaat verhindern, muss man die Pflanze vorher entfernen. Da sie tiefe Wurzeln ausbildet, sollte mit dem Spaten gearbeitet werden. Weil jedes verbleibende Wurzelstück wieder austreibt, ist ein exaktes Arbeiten erforderlich. Wird die Pflanze ständig geschwächt, wie zum Beispiel durch regelmäßige Mahd, verschwindet sie.

Möglicher Lebensbereich: Ø

Gewöhnliche Kratzdistel

Gewöhnliche Kratzdistel
Cirsium vulgare

Eigenschaften: W

Sie zeichnet sich im Unterschied zur vorigen Art durch schönere Blätter aus. Die Rosette ist im Jugendstadium ein prächtiger weißwolliger Stern, der flach am Boden anliegt und aus dem sich der Stängel mit den Blüten bis 1,5 m hoch erhebt. Die Pflanze ist zweijährig und daher nicht so arbeitsaufwändig wie die Acker-Katzdistel.

Mögliche Lebensbereiche: 1, 3

Kohl-Kratzdistel
Cirsium oleraceum

Eigenschaften: ♃ W

Die Pflanze kommt häufig in feuchten, nassen Wiesen, Auwäldern und an Bachufern vor und verirrt sich manchmal auch in Gärten. Es handelt sich um eine ausdauernde, wenig dekorative Staude. Sie ist Tiefwurzler und Bienenweide, deren Blätter wie Kohlgemüse zubereitet werden können. Im Feuchtzonenbereich eines Gartens in Kombination mit anderen höheren Stauden stört sie nicht, sie gehört sogar zu dieser Gesellschaft.

Mögliche Lebensbereiche: 5, 6

Tipp

Achtung!

Als „Ragweed" hat diese Ambrosienart in den letzten Jahren auf sich aufmerksam gemacht. Der Grund dafür sind die aggressiven Pollen der Pflanze, die Allergien (Heuschnupfen, Asthma und Bronchitis) verursachen können.

Beifußblättriges Traubenkraut
Ambrosia artemisiifolia

Eigenschaften:

Das Beifußblättrige Traubenkraut ist ein einjähriges Kraut. Es kommt aus Nordamerika und ist bereits seit den 1950er Jahren in Europa heimisch.

Das Aussehen ähnelt dem des Beifußes, daher auch der zweite Name „Beifuß-Ambrosie". Die Blütezeit erstreckt sich von Juli bis zum Frost.

Die Blätter sind dem Beifuß ähnlich und stark behaart. An sich eine hübsche Erscheinung, leider mit den angegebenen Nachteilen. Jäten vor der Blüte ist ratsam.

Möglicher Lebensbereich: ∅

Von der Gattung *Ambrosia* gibt es noch das Ausdauernde Traubenkraut *(Ambrosia coronopifolia)*, die Strand-Ambrosie *(Ambrosia maritima)* und das Dreilappige Traubenkraut *(Ambrosia trifida)*. Alle Arten haben in Europa schon Fuß gefasst.

Beifußblättriges Traubenkraut

Gewöhnlicher Beifuß
Artemisia vulgaris

Eigenschaften: ♃ ⬭ W

Eine Gewürzpflanze, die in früheren Zeiten häufig verwendet wurde. Dem Wermut ähnlich wird sie zu einer mächtigen Staude, die aber sehr dekorativ wirkt. Allerdings kommt es in der näheren Umgebung der Pflanze zu einer starken Verbreitung durch Selbstaussaat, die so dicht sein kann, dass die Sämlinge wie feldmäßig angebaut wirken. Sie sollten noch im Jugendstadium gejätet werden. Ein Exemplar kann aber in jedem Garten als Gewürzpflanze zur Verfügung stehen.

Mögliche Lebensbereiche: 1, 7

Gewöhnlicher Beifuß

Einjähriger Feinstrahl
Erigeron annuus

Eigenschaften: ⊙ ✿ ✂

Der Feinstrahl kommt aus Nordamerika, besiedelt oft Brachflächen und hat sich in den letzten Jahren stark verbreitet. Er wirkt im Garten auflockernd im Gehölz und in hohen Staudengruppen. Er eignet sich auch als Schnittblume. Die Vermehrung durch Selbstaussaat kann leicht unter Kontrolle gehalten werden. Die kleinen, zierlichen Korbblüten dieser

Einjähriger Feinstrahl

einjährigen Pflanze sind den Gänseblümchen ähnlich und schließen sich am Abend. Die Blüten erinnern sehr an die mexikanische Sommerblume *Erigeron karvinskianus*, die als Ampelpflanze gerne verwendet wird. Die Pflanze wird bis 1,5 m hoch, die Blüten sind manchmal rosa überlaufen. Schneidet man nach dem ersten Flor zurück, blüht sie ein zweites Mal und kann so den ganzen Sommer über als Blütenpflanze gehalten werden. Zur Gattung *Erigeron* gehören 19 in Europa, Asien und Amerika verbreitete Arten. Viele sind schöne Gartenstauden, die im Sommer blühen und in einigen Fällen eine Nachblüte im Herbst zeigen.

Mögliche Lebensbereiche: 1, 2

Franzosenkraut, Knopfkraut
Galinsoga

Die Gattung ist ein typisches Feindbild aller Gärtner, da sie sich sehr stark durch Selbstaussaat verbreitet – jede Pflanze produziert bis zu 50.000 Samen. Es handelt sich um einjährige Kräuter, die ursprünglich in Mittel- und Südamerika heimisch, heute jedoch weltweit zu Hause sind. Die jungen Blätter und Triebe können von Mai bis September auch als Wildgemüse verwendet werden. Vorkommen im Hackfruchtbau, in Obst und Weingärten und im Gartenbau. Man unterscheidet zwei Arten, die sich ähnlich sehen. Verhindert wird ihre Verbreitung durch zeitgerechtes Jäten an warmen Tagen, unbedingt vor der Blüte. Die Pflanzen können als Mulch liegen bleiben.

Kleinblütiges Knopfkraut
Galinsoga parviflora

Eigenschaften: ⊙ ≡ W

Die Stängel sind nur unter den Blütenköpfen behaart, die restliche Pflanze ist kahl. Die Blüten sind kleiner als bei der nachfolgenden Art.

Möglicher Lebensbereich: 7

Behaartes Knopfkraut
Galinsoga ciliata

Eigenschaften: ⊙ ═ W

Diese Art hat behaarte Stängel. Sie kann bis 60 cm hoch werden, bleibt jedoch meist kleiner. Aus der Nähe betrachtet wirken die Blüten sehr grazil im Kontrast zur übrigen Pflanze.

Möglicher Lebensbereich: 7

Behaartes Knopfkraut

Gänseblümchen
Bellis perennis

Eigenschaften: ♃ ✿ W

Das Gänseblümchen macht vor allem Freunden des schönen und gepflegten Rasens schwer zu schaffen. Zwar kommt es auch hin und wieder in Rabatten vor, doch das ist die Ausnahme. Da sich die Blattrosetten sehr dicht an den Boden anlegen, besiegen sie jeden Mähversuch. Allerdings ist das Gänseblümchen eine der ersten Blütenpflanzen nach dem Winter und eine Wiese mit vielen Exemplaren wirkt zur Blütezeit wie von einer leichten Schneedecke überzogen.

Die Blätter sind als Wildgemüse verwendbar und können mit anderen Frühlingskräutern zu Salaten angerichtet und mit den Blüten dekoriert werden. Eine Entfernung ist mechanisch durch Ausstechen möglich. Vertikutieren und gute Ernährung des Rasens können vorbeugend wirken, werden das Auftreten aber nicht völlig verhindern können.

Mögliche Lebensbereiche: 2, 3, 6, 7

Gänsedistel
Sonchus

Alle Gänsedistelarten sehen einander ähnlich und kommen recht häufig vor. Die Pflanzen sind einjährig oder ausdauernd und können als Wildgemüse verwendet werden. Sie sind Vertreter der Unkrautfluren-

Gesellschaften. Da sie ziemlich tief gehende Wurzeln haben, bringt Ausstechen nicht immer den gewünschten Erfolg. Interessant ist, dass sich Blattläuse gerne auf Gänsedisteln niederlassen und benachbarte Kulturpflanzen ignorieren. Hier ist eine Wechselwirkung vorhanden, die noch nicht untersucht wurde. Daher sollte man im Gemüsebeet immer einige stehen lassen.

Acker-Gänsedistel
Sonchus arvensis

Eigenschaft: ♃

Eine ausdauernde, wurzelkriechende Pionierpflanze, Lehmzeiger und salztolerant. Die Blätter sind kompassartig gestellt, die Blüten nur vormittags geöffnet.

Möglicher Lebensbereich: 7

Raue Gänsedistel

Kohl-Gänsedistel
Sonchus oleraceus

Eigenschaften: ⊙ W

Eine einjährige, bis 1 m tief wurzelnde Pionierpflanze und ein alter Kulturbegleiter. Wächst in Unkrautfluren, an Wegen und Schuttplätzen, in Gärten auf ziemlich allen Böden, wärmeliebend, Blüten sind nur vormittags geöffnet.

Möglicher Lebensbereich: 7

Raue Gänsedistel
Sonchus asper

Eigenschaft: ⊙

Den vorigen Arten ähnlich

Gewöhnliches Greiskraut
Senecio vulgaris

Gewöhnliches Greiskraut

Eigenschaften: ⊙

Die Pflanze gehört zu den wohl bekanntesten Unkräutern und kommt in fast jedem Garten vor. Sie stammt ursprünglich aus Südeuropa, ist aber bereits weltweit verbreitet. Um eine übermäßige Vermehrung durch Samen zu verhindern, sollte das Kraut noch vor der Blüte entfernt werden. Geschieht es während der Blüte und bleibt es als Mulch liegen, reifen die Samen oft noch aus und keimen bald.

Möglicher Lebensbereich: Ø

Geruchlose Kamille
Tripleurospermum perforatum, Matricaria maritima

Geruchlose Kamille

Eigenschaften: ⊙

Eine Gattung mit vielen Synonymen (das sind botanische Bezeichnungen, die nicht mehr korrekt sind). Gerade in den letzten Jahren hat sich im Bereich der Nomenklatur und der Systematik viel geändert und manche uns vertraute Namen sind nicht mehr aktuell, deshalb sind hier beide Bezeichnungen genannt.

Die Geruchlose Kamille besiedelt Schotterflächen und andere Ruderalstellen. Sie ist eine attraktive einjährige Pflanze, die dort, wo sie auftaucht, in den meisten Fällen auch belassen werden kann, ausgenommen in speziellen Lebensräumen, wo sie absolut nicht hineinpasst.

Mögliche Lebensbereiche: 2, 3

Strahlenlose Kamille
Matricaria suaveolens, Matricaria discoidea, Chamomilla suaveolens

Eigenschaften: ⊙ W

Die Pflanze ist ein einjähriges Kraut mit unscheinbaren Röhrenblüten,

Strahlenlose Kamille

Zungenblüten fehlen. Die Blüten zeichnen sich durch den typischen Kamillengeruch aus. Sie besiedelt Ödland, Äcker, Wegränder und Trittrasengesellschaften. Demgemäß ist sie sehr anspruchslos. Interessant ist, dass sie zwar keine Heilpflanze ist, aber für Teegetränke, Kräuterlimonaden und andere Genussmittel verwendet werden kann. Tritt sie im Garten auf, kann sie in den meisten Fällen belassen werden. Sie lässt sich leicht entfernen.

Mögliche Lebensbereiche: 3, 7

Kanadische Goldrute

Kanadische Goldrute
Solidago canadensis

Eigenschaften: ♃ ✿ ✂ W ═

Die Kanadische Goldrute ist sehr bekannt. Sie kommt in ganz Europa vor und hat schon viele Lebensräume erobert. An trockenen und auch an feuchten Stellen, überall dort, wo extensive Landnutzung besteht, kann sie sich ausbreiten. Ursprünglich ist sie in Amerika heimisch. Sie wurde 1684 als Zierpflanze nach England eingeführt. Und so wie viele Neophyten wurde sie durch ihre starke Vermehrung bald eine Plage. Wer die Pflanze noch nicht im Garten hat, bekommt sie bestimmt irgendwann. Dann kann sie in einer Rabatte mit höheren im Sommer blühenden Stauden durchaus gut zur Geltung kommen. Man sollte sie aber nach der

Tipp
Riesen-Goldrute

Wer edlere Vertreter der Goldrute liebt, kann sich eine der wenigen Gartenformen in Staudengärtnereien besorgen. Folgende Hybriden sind im Fachhandel erhältlich: **'Golden Mosa'**: 80 cm, mimosenähnliche Blütenrispe; **'Goldwedel'**: 60 cm, leuchtend gelbe, lockere Blütenstände; **'Laurin'**: 30 bis 40 cm, gedrungen, aufrecht, tief goldgelb; **'Septembergold'**: 80 cm, spätblühend; **'Strahlenkrone'**: 60 cm, straff säulenförmig, flache Blütendolden. Mögliche Lebensbereiche: 1, 2

Es gibt auch heimische Vertreter dieser Gattung wie die Gewöhnliche Goldrute *(Solidago virgaurea)*, die als Heilpflanze verwendet wird.

Blüte bald zurückschneiden, um ein Aussamen zu verhindern. Ähnlich ist die Riesen-Goldrute (*Solidago gigantea*), bei dieser sind lediglich die Einzelblüten größer.

Huflattich
Tussilago farfara

Huflattich

Eigenschaften: ♃ W

Der Huflattich gehört zu den ersten Frühlingsboten mit leuchtend gelben Blüten. Die Blätter kommen erst später und sind mit einem dichten Haarkleid bedeckt, das langsam dünner wird. Vorkommen auf feuchten, schweren Böden, auf Ödland, Straßenrändern; verbreitet sich durch unterirdische Ausläufer und lässt sich schwer eindämmen. So nützlich der Huflattich ist, im Garten gibt es kaum einen geeigneten Platz.

Der Huflattich ist eine lang bekannte und bewährte Heilpflanze bei Husten. Mittlerweile wurde er aus den Apotheken verbannt, weil er angeblich krebserregende Stoffe enthalten soll. Hier kommt es natürlich auf die Dosis an.

Möglicher Lebensbereich: Ø

Kanadisches Berufkraut
Conyza canadensis

Kanadisches Berufkraut

Eigenschaften: ⊙

Die Pflanze stammt aus Kanada und ist wie viele Neophyten (Pflanzeneinwanderer) mit Frachtgut aus Amerika nach Europa gelangt. Man findet sie häufig auf Ödland. Die unscheinbaren Röhrenblüten öffnen sich nicht vollständig. Die Pflanze selbst wird 1 bis 2 m hoch und kann durchaus dekorativ wirken. Die Wirkung ist am besten, wenn sich die Samen bereits entwickeln. Sie kommt dann als Auflockerung in Blumensträußen zur Geltung – ähnlich wie Schleierkraut oder Gräser. An den Anblick muss man sich jedoch gewöhnen!

Möglicher Lebensbereich: 3

Klette
Arctium

Alle Klettenarten sind zweijährige Pflanzen und „verirren" sich nur selten in Gärten. Ihre Hauptverbreitung sind Ruderalflächen. Die Hüllblätter der Röhrenblüten haften durch scharfe Haken. Sie bleiben hängen, lösen sich aber nicht von der Pflanze. Beim Zurückschnellen werden dann die reifen Samen weggeschleudert.

Filzige Klette
Arctium tomentosum

Filzige Klette

Eigenschaften: W

Die Filzige Klette ist die schönste der genannten Klettenarten. Sie gedeiht in Unkrautfluren, auf Schuttplätzen, an Weg- und Straßenrändern. Die Blütenknospen sind von weißen Haaren überzogen, aus denen sich die roten Röhrenblüten herausschieben, und wirken daher dekorativ. Die großen Blätter weisen eine starke Aderung auf, das gesamte Erscheinungsbild ist attraktiv. Verwendung könnte diese Art im Gehölzgürtel am Rand oder in einem Ruderalbereich finden.

Mögliche Lebensbereiche: 1, 2

Große Klette und Kleine Klette
Arctium lappa *Arctium minus*

Eigenschaften: W

Diese Klettenart wird bis 1,5 m hoch, die Blütenköpfe erreichen einen Durchmesser von bis zu 4 cm. Die Kleine Klette wird etwa 1 m hoch, die Blütenstände sind 1,5 bis 3 cm lang. Diese beiden Arten haben eine starke Verbreitung durch Selbstaussaat und sind entbehrlich.

Mögliche Lebensbereiche: 1 oder Ø

Kornblume
Centaurea cyanus

Eigenschaften: ✿ ⊙ ✂

Rote Liste: Stufe 3 = gefährdet

Die Kornblume ist ein dekoratives einjähriges Gewächs. In Volksliedern und Schlagern wurde sie oft besungen. Da sie aber in der Landwirtschaft, vor allem im Getreidebau, lange Zeit als Unkraut bekämpft wurde, war der Bestand bereits sehr stark gefährdet und konnte sich nur durch die Schutzmaßnahmen der letzten Jahre wieder erholen. Man sieht auch heute wieder speziell in den Randstreifen von Getreidefeldern eine bunte Mischung von Kamille, Kornblumen und anderen Beikräutern. Im Garten hat die Kornblume einen Platz in einer bunten Sommerblumenrabatte. Sie ist auch für den Schnitt gut geeignet. Es gibt bereits Züchtungen mit anderen Farben und gefüllten Blüten. Die Vermehrung erfolgt durch Selbstaussaat oder Anbau an Ort und Stelle. Manchmal sind die Samen auch in Blumenwiesenmischungen vorhanden, die Pflanzen sind dort aber nicht langlebig.

Mögliche Lebensbereiche: 2, 6

Kornblume

Kompass-Lattich
Lactuca serriola

Eigenschaften: ⊙ ⬭ W

Eine Pflanze der Unkrautfluren, die uns oft auf Wegrändern und Schutthaufen begegnet. Der Kompass-Lattich wirkt durch seine schönen Blätter dekorativ. Die Pflanze wird über 1 m hoch, die Wurzeln erreichen bis 2 m Tiefe. Zur Geltung kommt sie am besten frei stehend oder vor einem ruhigen Hintergrund (Mauer oder Hecke). Der Gattung *Lactuca* gehört auch unser Kopfsalat an.

Mögliche Lebensbereiche: 1, 3

Kompass-Lattich

Gewöhnlicher Löwenzahn

Gewöhnlicher Löwenzahn

Taraxacum officinale

Eigenschaften:

Jeder kennt Löwenzahn, aber für Gärtner, die einen englischen Rasen bevorzugen, ist er das Feindbild erster Klasse. Durch seine tief gehende Wurzel ist der Löwenzahn schwer loszuwerden. Er ist nicht nur im Rasen stark vertreten, sondern in allen Pflanzbereichen. Seine tief gehenden Pfahlwurzeln lockern und entgiften den Boden. Die Blüten werden im biologisch-dynamischen Gartenbau als wichtiges Kompostpräparat verwendet.

Dass der Löwenzahn eine ausgezeichnete Heilpflanze ist, hat sich schon herumgesprochen. Auch die Verwendung der Blätter als gesunde Salatbeigabe ist bekannt. Die Pflanze enthält je 100 g: 115 mg Vitamin C, 590 mg Kali, 68 mg Phosphor, 23 mg Magnesium, 50 mg Kalzium und 1,2 mg Eisen. Diese Zahlen sprechen für sich und es lohnt sich, den Löwenzahn an ihm zusagenden Plätzen zu belassen.

Mögliche Lebensbereiche: 6, 7

Nickende Distel

Nickende Distel

Carduus nutans

Eigenschaften:

Die Nickende Distel gehört aufgrund ihrer Blüte zu den schönsten Beikräutern. Sie gedeiht auf Unkrautfluren, Schuttplätzen und Wegrändern, also auf trockenen, meist kalkhaltigen Standorten. Die Pflanze ist zweijährig, wird bis 1 m hoch, Stängel und Blätter sind stark bedornt. Die leicht nickende Blüte ist von leuchtendem Purpur mit einem Durchmesser von bis zu 7cm. Falls sich diese Distel ansiedelt, sollten wir uns einfach daran erfreuen. Die Vermehrung ist nicht so extrem stark wie bei anderen Distelarten.

Mögliche Lebensbereiche: 2, 3

Rainfarn
Tanacetum vulgare

Eigenschaften: ♃ ✿ ✂

Der Rainfarn ist eine heimische Staude und ein Vertreter der Beifuß-Rainfarn-Flur, einer langlebigen Ruderalflur auf mäßig frischen bis trockenen Böden. Die Pflanze hat gelbe Röhrenblüten in Köpfchen vereinigt und wird bis 1,2 m hoch. Die Blätter sind aromatisch, gefiedert und gesägt. Blütezeit ist der Hochsommer. Sie verbreitet sich mäßig durch Wurzelausläufer. Der Rainfarn wird im biologischen Gartenbau als Jauche, Brühe oder Tee gegen fressende und saugende Insekten und Käfer, Rost und Mehltau verwendet. Er ist auch als Schnittblume geeignet und kann im Garten im Kräuterbeet stehen.

Mögliche Lebensbereiche: 2, 3, 7

Rainfarn

Spitzklette
Xanthium sp.

Eigenschaften: ⊙ ⬭ ♣

Wie alle Klettenarten wird die Spitzklette vorwiegend durch Tiere verbreitet, da sich die Früchte im Fell festhaken.

Am weitesten verbreitet sind die Gewöhnliche Spitzklette *(Xanthium strumarium)*, die Ufer-Spitzklette *(Xanthium albinum)* und die Italienische Spitzklette *(Xanthium italicum)*. Die angeführten Arten sind attraktive Kräuter mit sehr schönem Laub. Der Fruchtstand eignet sich im getrockneten Zustand sehr gut für Trockensträuße. Die Italienische Spitzklette weist zudem noch einen Stängel mit braunen Flecken auf, was einen zusätzlichen Reiz vermittelt. Die Spitzkletten können im Lebensbereich Beet problemlos verwendet werden. Es besteht nicht die Gefahr der starken Selbstaussaat.

Mögliche Lebensbereiche: 2, 5

Ufer-Spitzklette

Balsaminaceae
Balsaminengewächse, Springkrautgewächse

Die Familie der Springkrautgewächse ist in unseren Breiten nur durch die Gattung *Impatiens* (Springkraut) vertreten. Es handelt sich um einjährige Kräuter, von der es etwa 850 Arten vor allem in den tropischen Gebieten Afrikas und Asiens gibt. Einige sind als Sommerblumen (Fleißiges Lieschen, Balsamine) bekannt. Die genannten Arten sind teilweise aus Asien und Amerika eingewandert oder eingeführt worden. Charakteristisch sind die Schleuderfrüchte. Wird die Frucht reif, treten in der Samenkapsel Gewebespannungen auf. Bei der kleinsten Berührung reißt die Kapsel auf und der Samen wird mehrere Meter weit fortgeschleudert. Das bewirkt eine rasche Verbreitung über weite Entfernungen.

Großes Springkraut

Großes Springkraut
Impatiens noli-tangere

Eigenschaften: ⊙ ✿ W

Die Pflanze ist auch als „Rühr-mich-nicht-an" bekannt. Die ursprüngliche Heimat ist Nordamerika, die Art ist aber schon weltweit verbreitet. In Mitteleuropa gedeiht sie in kühlen Wäldern und an Bachläufen. Eine zarte, leicht zerbrechliche Pflanze mit dekorativen gelben Blüten. Sie kann im Garten an feuchten Stellen gehalten werden. Wird der Bestand zu stark, lassen sich die Pflanzen leicht herausziehen.

Mögliche Lebensbereiche: 1, 5

Drüsiges Springkraut

Impatiens glandulifera

Eigenschaften: ⊙ ✿ ═ W

Die Pflanze wurde Mitte des 19. Jahrhunderts aus dem Himalayagebiet eingeführt. Sie hat heute bereits große Bereiche Europas besiedelt und die angestammte Flora weitgehend verdrängt. An ihnen zusagenden Standorten wie feuchte Auengebiete werden die Pflanzen bis zu 3 m hoch. Sie bringen laufend große rote, rosa und manchmal weiße Blüten hervor und somit eine Unzahl von Samen, die durch den Explosionsmechanismus weit weggeschleudert werden. Sie wäre eine schöne Gartenpflanze, man sieht sie auch manchmal als Solitär in Gärten. Aber große Vorsicht ist geboten, denn durch die Art der Vermehrung ist die rasche Ausbreitung gesichert. Verhindern kann man das Auftreten, indem die Pflanzen im Jugendstadium noch vor der Blüte entfernt werden. Sie können dann als Mulch liegen bleiben oder dienen als Kompostmaterial.

Mögliche Lebensbereiche: 2 oder Ø

Drüsiges Springkraut

Kleinblütiges Springkraut

Impatiens parviflora

Eigenschaften: ⊙ ✿ ═ W

Die Pflanze stammt ursprünglich aus Nordostasien (Südostsibirien, Mongolei). Sie liebt feuchte, kühle und schattige Standorte und stellt an den Boden keine besonderen Ansprüche. An heißen Stellen vertrocknet sie rasch. Der Habitus ist sehr grazil und zerbrechlich. Die Samen werden bei der Reife weit weggeschleudert, daher kann sie sich stark ausbreiten, ist aber nicht so aggressiv wie das Drüsige Springkraut. Das Kleinblütige Springkraut kann in naturnahen Anlagen unter Gehölzen und auch zwischen höheren Stauden wie zum Beispiel Astilben verwendet werden. Dort wo es nicht willkommen ist, lässt es sich leicht entfernen. Die Wurzeln haften nicht stark im Boden.

Mögliche Lebensbereiche: 1, 5

Kleinblütiges Springkraut

Boraginaceae
Raublattgewächse, Borretschgewächse

Die Familie der Raublattgewächse umfasst etwa 100 Gattungen und an die 2.000 Arten. Ihre Verbreitung erstreckt sich von den Tropen bis in die Arktis. In Mitteleuropa gibt es etwa 40 Arten mit 17 Gattungen. Die bekanntesten heimischen Vertreter sind Vergissmeinnicht *(Myosotis)*, Lungenkraut *(Pulmonaria)*, Borretsch *(Borago)*, Natternkopf *(Echium)* und Beinwell *(Symphytum)*.

Gemeinsames Merkmal ist die raue Behaarung von Stängeln und Blättern und die schöne blaue Farbe der Blüten. Eine Ausnahme ist die Wachsblume *(Cerinthe)*, deren Blätter einen Wachsüberzug haben, wodurch das Wasser nicht haften bleibt. Auch bei den Blütenfarben gibt es einige Ausnahmen.

Acker-Krummhals

Acker-Krummhals
Anchusa arvensis

Eigenschaften:

Rote Liste: Stufe r = regional gefährdet

Ein einjähriges Kraut, das eher selten vorkommt. Wenn, dann ist es vorwiegend auf sandigen, wärmeliebenden Böden anzutreffen. Die Pflanze hat schöne enzianblaue, aber kleine Blüten. Sie stellt keine Gefahr für benachbarte Pflanzen dar und ist deshalb erhaltenswert, zumal sie regional zu den bedrohten Pflanzen gehört.

Ebenso selten kommt die Ochsenzunge *(Anchusa officinalis)* vor. Von der Gattung *Anchusa* gibt es auch zweijährige und ausdauernde Arten als Gartenpflanzen wie *Anchusa azurea* mit Sorten für Trockenbereiche. Meist sind sie kurzlebig und müssen aus Samen weiter vermehrt werden.

Möglicher Lebensbereich: 3

Gewöhnlicher Beinwell

Gewöhnlicher Beinwell
Symphytum officinale

Eigenschaften: ♃ ⬭ ⚕ W

Der Beinwell ist eines der wertvollsten Kräuter. Die Wurzel ist sehr heilkräftig und wird in Form von Salben zur Wundheilung verwendet. Da bei Tierversuchen durch weitaus erhöhte Konzentrationen Schäden auftraten, wird sie nicht mehr als Heilpflanze geführt. Tatsache ist, dass die Schwarzwurzelsalbe eine sehr gute Wundheilung bewirkt. Die Pflanze war früher ein fester Bestandteil der Bauerngärten. Ihr natürliches Vorkommen hat sie in feuchten Wiesen und am schattigen Gehölzrand. Die Blüten sind meist trübrot bis violett, selten weiß oder hellrot.

Mögliche Lebensbereiche: 1, 5, 7

Die Sorte 'Argenteum' mit weiß gezeichneten Blättern wirkt in Gehölzpartien sehr dekorativ. Der Kleine Kaukasus-Beinwell *(Symphytum grandiflorum)* hat sich als Bodendecker zwischen Gehölzen gut bewährt. Allerdings darf er keine schwachwüchsigen Nachbarn vorfinden, da diese in kurzer Zeit überwachsen werden. Der Knollige Beinwell *(Symphytum tuberosum)* ist eine heimische Staude des Mischwaldes mit hängenden gelben Blüten. Für Pflanzenjauchen werden die Blätter des ‚Comfrey'-*Symphytum* x *uplandicum* verwendet, da sie viel Kali enthalten. Auch als Mulch auf dem Boden sind die großen Blätter gut geeignet.

Kletten-Igelsame

Kletten-Igelsame

Lappula squarrosa

Eigenschaften: ⊙ ✿

Der Kletten-Igelsame ist ein einjähriges Kraut der Unkrautgesellschaften in warmen Lagen. Er wird bis 40 cm hoch. Die Blüten erinnern an das Vergissmeinnicht, nur sind sie kleiner, beinahe unscheinbar. Die ganze Pflanze ist behaart und wird bei der Samenreife unansehnlich. Die Früchte haben Widerhaken zur Klettverbreitung. Bedingt durch den zarten Wuchs ist sie wenig störend.

Möglicher Lebensbereich: 3

Wald-Vergissmeinnicht

Vergissmeinnicht

Myosotis sp.

Eigenschaften: ⊙ ✿ W

Von dieser bekannten Gattung gibt es außer den Gartenformen für jeden Standort geeignete Wildformen. *Myosotis arvensis*, das Acker-Vergissmeinnicht für Freiflächen und Wegränder, *Myosotis scorpioides*, das Sumpf-Vergissmeinnicht für die Feuchtzonen, und *Myosotis sylvatica*, das Wald-Vergissmeinnicht für den schattigen Gartenbereich. Sie sind meist zweijährig, das Sumpf-Vergissmeinnicht ist ausdauernd. Alle können im Garten an den geeigneten Stellen belassen werden.

Mögliche Lebensbereiche: 1, 2, 3, 5

Brassicaceae (Cruciferae)
Kreuzblütengewächse

Bei den Kreuzblütengewächsen handelt es sich um eine sehr große Familie mit etwa 3.000 Arten in 350 Gattungen, meist Kräuter und Stauden der gemäßigten Zonen der nördlichen Hemisphäre. Viele unserer Gemüse- (Kohlarten, Rettich, ...), Gewürz- (Kren, Kresse, ...) und Zierpflanzen (Steinkraut, Goldlack, Hungerblümchen, Schotendotter, ...) gehören dazu und natürlich auch die angeführten Begleitpflanzen der Äcker und Gärten.

Die wohl interessanteste Vertreterin ist die echte Rose von Jericho *(Anastatica hierochuntica)*. Sie kommt in den Trockengebieten rund um das Mittelmeer vor. Es ist eine einjährige Pflanze mit vielen dicken Zweigen, die kleine graugrüne Blätter und weiße Blüten tragen und die sich als flache Rosette ausbreiten. Nach der Blüte, wenn die Samen reif sind, stirbt sie ab, trocknet aus und die Zweige rollen sich zusammen. Kommt sie dann mit Wasser in Berührung, öffnet sie sich und entlässt die Samen. Dieser Vorgang des Öffnens und Schließens kann sich beliebig oft wiederholen, weshalb sie als ein Symbol der Auferstehung gilt. Die meist in Gartencentern angebotene Rose von Jericho ist nicht die echte, sondern ein Bärlappgewächs aus Mexiko *(Selaginella lepidophylla)*, das dieselben Eigenschaften aufweist.

Die zahlreichen Beikräuter dieser Familie haben ähnliche Vorkommen und Ansprüche, die meisten sind auch als Wildgemüse und Gewürzpflanzen verwendbar.

Hier finden Sie eine Auswahl an Pflanzen beschrieben.

Acker-Hellerkraut
Thlaspi arvense

Eigenschaften: ⊙ ꕥ **W**

Das Acker-Hellerkraut ist ein einjähriges Kraut der Äcker und Unkrautfluren, das häufig im Nutzgarten vorkommt.
Es wird bis 40 cm hoch und hat unscheinbare kleine weiße Blüten. Attraktiver sind die Fruchtschötchen, die fast kreisrund, flach und etwa

Acker-Hellerkraut

1,5 cm im Durchmesser sind. Wie bei den meisten Begleitpflanzen ist die Wechselwirkung auf Kulturpflanzen noch unbekannt. Das Wachstum der Kulturpflanzen wird wenig beeinflusst. Für die Behandlung genügt das Herausreißen vor der Samenreife so zeitgerecht, dass keine Nachreife erfolgen kann. Das Stängelumfassende Hellerkraut *(Thlaspi perfoliatum)* ist zierlicher und kommt auf trockeneren Standorten vor.

Möglicher Lebensbereich: 7

Frühes Hungerblümchen

Frühes Hungerblümchen
Erophila praecox

Eigenschaften: ⊙ ✿

Einjähriges, wärmeliebendes Kraut der Sandrasen, Magerrasen, Mauern und Wege auf trockenen, nährstoffarmen, meist kalkhaltigen Böden. Das Frühe Hungerblümchen ist ein sehr zartes, meist nicht höher als 8 cm werdendes, kurzlebiges Pflänzchen mit hübschen Blüten. Wo es im Garten auftaucht, kann es geduldet werden. Es kommt generell aber nur an ihm zusagenden Standorten vor.

Mögliche Lebensbereiche: 2, 3, 4, 6

Ackersenf
Sinapis arvensis

Eigenschaften: ⊙ ✿ W

Der Ackersenf kommt sehr häufig vor. Zur Blütezeit sind vor allem Schutthügel und Rohböden in ein gelbes Blütenmeer getaucht. In der Landwirtschaft wird er im Herbst großflächig angebaut, um den Ackerboden zu bedecken und vor Erdabtragung zu schützen. Das über den Winter abgefrorene Kraut wird im Frühjahr in den Boden eingebracht. Auch im Garten kann der Ackersenf als Bodendecker und Mulchpflanze während der Vegetationsperiode zum Einsatz kommen, allerdings nicht dort, wo in Folge andere Kreuzblütler angebaut werden sollen.

Die Blätter schmecken scharf und können in Salaten verwendet werden. Der Weiße Senf *(Sinapis alba)* ist eine Gewürzpflanze. Die gelben Samen werden zu Senf verarbeitet und sind auch für Einlegegemüse wie Senfgurken oder Essiggurken unentbehrlich. Ansonsten gelten die gleichen Kriterien wie beim Ackersenf.

Möglicher Lebensbereich: 7

Ackersenf

Kresse
Lepidium

Eine heimische Gattung mit zehn, meist einjährigen Arten. Die bekannteste ist die Gartenkresse *(Lepidium sativum)*, die gerne als Wintergewürz in Keimschalen angebaut wird. Auch im Garten dient sie als frühes und rasch keimendes Gewürzkraut.

Alle anderen Arten der Kresse kommen vorwiegend auf Unkrautfluren vor, dementsprechend findet man sie oft in Gärten auf offenen Böden. Sie können als Begleitpflanzen im Nutzgarten bleiben und sollten spätestens zur Blütezeit gejätet werden, um eine zu starke Versamung zu verhindern. Das Kraut kann als Mulch liegen bleiben.

Folgende Kressearten kommen vor:

- **Durchwachsene Kresse *(Lepidium perfoliatum)***
- **Feldkresse *(Lepidium campestre)***
- **Breitblättrige Kresse *(Lepidium latifolium)***
- **Grasblättrige Kresse *(Lepidium graminifolium)***
- **Schuttkresse *(Lepidium ruderale)***
- **Dichtblütige Kresse *(Lepidium densiflorum)***
- **Übersehene Kresse *(Lepidium neglectum)***
- **Virginische Kresse *(Lepidium virginicum)***

Gartenkresse

Möglicher Lebensbereich: 7

Wilde Sumpfkresse

Wilde Sumpfkresse

Rorippa sylvestris

Eigenschaften: W

Die Wilde Sumpfkresse ist eine ausdauernde Staude mit weit kriechenden Wurzelausläufern. Sie wird etwa 40 cm hoch und kommt hauptsächlich auf feuchten Standorten und lehmigen, schweren Böden vor. Die Pflanze ist ein Anzeiger für Bodenverdichtung und Grundfeuchte, gleichzeitig Pionierpflanze und Bodenfestiger mit bis zu 80 cm tief gehenden Wurzeln. Deshalb lässt sie sich schwer entfernen. Auch Mulchdecken verhindern ihre Ausbreitung nur wenig. Die Pflanze ist nicht so starkwüchsig, dass sie andere Pflanzen behindert, dennoch sollte sie eingedämmt werden. Die Blätter schmecken sehr scharf.

Es gibt dann noch andere Arten wie die Gewöhnliche Sumpfkresse *(Rorippa palustris)*, die Österreichische Sumpfkresse *(Rorippa austriaca)* und die Niederliegende Sumpfkresse *(Rorippa anceps)*.

Mögliche Lebensbereiche: 5 oder Ø

Gewöhnliches Hirtentäschelkraut

Gewöhnliches Hirtentäschelkraut

Capsella bursa-pastoris

Eigenschaften: W

Ein 20 bis 40 cm hoch wachsendes ein- bis zweijähriges Kraut der Äcker, Wegränder und des Ödlands auf sandigen Lehmböden. Im Garten siedelt es sich meist auf offenem Boden im Gemüsebeet an. Das Gewöhnliche Hirtentäschelkraut ist eine Pionierpflanze und ein Stickstoffzeiger, ein Kulturfolger und eine wertvolle Heilpflanze.

Nach der Blüte entwickeln sich die typischen herzförmigen Fruchtschötchen, die von Hühnern gerne gefressen werden. Als Begleitpflanze im Gemüsebeet durchaus erträglich, es kann auch als Wildgemüse verwendet werden.

Mögliche Lebensbereiche: 3, 6, 7

Gewöhnliche Knoblauchrauke
Alliaria petiolata

Eigenschaften: ⊙ ⊙⊙ ✿ W

Einjähriges, manchmal zweijähriges Kraut der Waldränder, Hecken, Waldschläge, Gärten und Parkanlagen. Die Pflanze bevorzugt halbschattige, frische, lockere, humus- und nährstoffreiche Lehmböden im unmittelbaren Saum von Gebüschen. Die Knoblauchrauke wird bis 90 cm hoch.

Ihre Blätter riechen beim Zerreiben nach Knoblauch. Sie ist ein wertvolles Wildgemüse, von dem alle Teile verwendet werden können: Blätter und Blüten als Beigaben zu Salaten oder Kräuterkäse, die Samen als Gewürz und zur Senfgewinnung, die Wurzeln im Frühling als Beigabe zu Gemüse. Sie ist eine absolut schöne, sehr früh blühende Pflanze. In Gärten findet die Knoblauchrauke zwischen Gehölzen in Kombination mit anderen Schattenpflanzen gute Bedingungen vor, ihr Wert ist höher als üblicherweise angenommen. Die Verbreitung mittels Selbstaussaat ist mäßig, junge Sämlinge lassen sich leicht aus dem Boden ziehen.

Mögliche Lebensbereiche: 1, 2, 7

Gewöhnliche Knoblauchrauke

Runzliger Rapsdotter
Rapistrum rugosum

Eigenschaften: ⊙ W

Der Runzlige Rapsdotter tritt wie viele aus dieser Familie gerne im Nutzgarten auf und ist als Begleitpflanze nicht störend. Bei zu starkem Auftreten als Mulch gut zu verwenden.

Möglicher Lebensbereich: 7

Runzliger Rapsdotter

Sand-Schaumkresse

Sand-Schaumkresse
Cardaminopsis arenosa

Eigenschaften: W

Die Sand-Schaumkresse ist eine zarte ein- bis zweijährige Pflanze, die gerne auf sandigen, sauren und trockenen Böden vorkommt. Ihre Blütezeit reicht von April bis Mai, die zartrosa Blüten stehen auf dünnen Stängeln. Nach der Samenreife stirbt die Pflanze ab. Die Samen keimen im Herbst. Es bildet sich eine Winterrosette, aus der im folgenden Frühling die Blüten erscheinen. Wo die Sand-Schaumkresse vorkommt, kann sie meist belassen werden, da sie bald von den folgenden Pflanzen überwachsen wird. Als Wildgemüse sind Blätter und Blüten verwendbar, die einen kresseähnlichen Geschmack aufweisen.

Mögliche Lebensbereiche: 3, 7

Spring-Schaumkraut
Cardamine impatiens

Eigenschaften: W

Das natürliche Vorkommen des Spring-Schaumkrauts ist in feuchten Laubmischwäldern, Gebüschen, an Mauern und an schattigen Standorten. Daher taucht die Pflanze auch im Garten an solchen Stellen auf. Die Blüten sind nicht sehr auffällig, die Blätter und die reifenden Fruchtschoten sind attraktiv.

Mögliche Lebensbereiche: 1, 5

Turmkraut

Turmkraut
Arabis glabra, Turritis glabra

Eigenschaften:

Ein zweijähriges Kraut, das an steinigen Hängen und sonnigen Gehölzrändern, sowohl auf sauren wie auf alkalischen Böden, zu finden ist. Die Pflanze zeichnet sich durch dekoratives graublaues Laub und hübsche weiße Blüten aus, die im Mai erscheinen. Sie wird bis 1,5 m hoch und ist nicht zu verwechseln. Im Garten kann sie in einer sonnigen Rabatte verwendet werden.

Mögliche Lebensbereiche: 1, 2

Viermänniges Schaumkraut
Cardamine hirsuta

Viermänniges Schaumkraut

Eigenschaften: ⊙ ≡ W

Dieses zarte, bis 30 cm hohe Kraut tritt sehr bald auf Kulturflächen und im Rasen (Wiese) auf und bringt manche Gärtner durch seine starke Vermehrung zur Verzweiflung. Besonders störend ist die Pflanze zwischen Blumenzwiebelpflanzungen.

Durch zeitgerechte Bodenbearbeitung (vor der Samenreife) bei trockenem Wetter kann der Befallsdruck reduziert werden. In der Wiese verschwindet das Kraut nach mehrmaligem Mähen, in höheren Pflanzungen wird es überwachsen und stört meist nicht mehr. Das Viermännige Schaumkraut ist im Garten entbehrlich, aber nicht zu verhindern. Man sollte seine Anwesenheit mit Gelassenheit betrachten.

Möglicher Lebensbereich: Ø

Wegrauke
Sisymbrium officinale

Wegrauke

Eigenschaften: ⊙ W

Die Wegrauke ist ein einjähriges Kraut der Unkrautfluren und Schuttplätze und kommt auf fast allen Böden vor. Ihre kleinen gelben Blüten sind wenig attraktiv. Charakteristisch ist ihr sparriger Wuchs. Die Pflanze wirkt dadurch auflockernd und ist im Gehölzsaum eines Gartens nicht störend.

Möglicher Lebensbereich: 1

Campanulaceae
Glockenblumengewächse

Zur Familie der Glockenblumengewächse gehören außer den Glockenblumen (*Campanula*), von denen weltweit 60 Arten vorkommen, noch 27 weitere Gattungen mit über 1.000 Arten. Sie sind in erster Linie dekorative Stauden, darunter wertvolle Gartenpflanzen, und im eigentlichen Sinn keine Beikräuter.

Acker-Glockenblume

Frauenspiegel

Acker-Glockenblume
Campanula rapunculoides

Eigenschaften: ♃ ✿ ~ W

Die Acker-Glockenblume ist eine ausdauernde Staude für den Halbschatten. Sie wird bis 40 cm hoch und blüht Juni bis September mit großen Blütenständen. Die Pflanze macht sich gut in der Rabatte, vermehrt sich durch Ausläufer und muss gelegentlich eingedämmt werden. Eine hübsche Wildpflanze, die es verdient, im Garten öfter verwendet zu werden. Ihre Wurzeln sind auch als Wildgemüse genießbar.

Mögliche Lebensbereiche: 1, 2

Echter Frauenspiegel
Legousia speculum-veneris

Eigenschaften: ⊙ ✿

Rote Liste: Stufe 3 = gefährdet

Ein einjähriges Kraut, das in Getreidefeldern auf sommerwarmen Lehm- und Tonböden vorkommt. Dass der Echte Frauenspiegel einmal als Getreideunkraut galt, ist kaum vorstellbar, wenn man seine wunderschönen Blüten betrachtet. Tatsächlich wird er heute manchmal als einjährige Sommerblume angeboten. In der Natur ist die Pflanze schon sehr selten und steht auf Stufe 3 der „Roten Liste der gefährdeten Pflanzen".

Im Garten passt der Echte Frauenspiegel gut in die Staudenrabatte, zur Auflockerung zwischen höheren Stauden, aber auch in die Blumenwiese und zwischen Sommerblumen. Diese Pflanze sollte uns unbedingt erhalten bleiben.

Mögliche Lebensbereiche: 2, 4

Caryophyllaceae
Nelkengewächse

Die Nelkengewächse sind eine große Familie mit etwa 2.000 Arten in 80 Gattungen, die über die ganze Welt verbreitet sind. Es sind ein- und mehrjährige Kräuter mit gegenständigen Blättern, darunter sehr viele schöne Pflanzen für Gärten, Tröge und Steinanlagen. Dazu gehören alle Nelkenarten, Schleierkraut, Seifenkraut und andere. Das hauptsächliche Vorkommen in der gemäßigten Zone der Nordhalbkugel reicht von der Ebene bis in die Hochgebirgsregionen (Alpennelke, Stängelloses Leimkraut), aber auch im Mittelmeergebiet und in Kleinasien ist noch eine große Vielfalt vorhanden. Dass diese Familie auch viele Beikräuter enthält, wird durch die folgende Auswahl deutlich.

Acker-Spark
Spergula arvensis

Eigenschaften: ⊙ ✿

Dieses einjährige Kraut der Acker-Unkrautfluren ist auch an Ruderalstellen und Waldschlägen anzutreffen. Es wird bis 50 cm hoch, bleibt jedoch meist niedriger. Die Pflanze zeigt eine Versauerung des Bodens an und ist ein Tiefwurzler. Die Blätter sind quirlig angeordnet, der Stängel ist rötlich und behaart. Insgesamt eine zierliche Begleitpflanze, die im Garten nicht stört.

Mögliche Lebensbereiche: 2, 3

Acker-Spark

Ausdauernder Knäuel

Scleranthus perennis

Eigenschaft: ♃

Eine eher unscheinbare Pflanze, die auf trockenen, sandigen und sauren Böden und Äckern vorkommt. Die typische Anordnung der grünen Blüten im Knäuel war namensgebend. Bekannt ist Scleranthus als Bachblüte. Als bodendeckende Pflanze ist sie im Garten nie störend, da sie andere Pflanzen nicht behindert.

Der Ausdauernde Knäuel hat weiß berandete Kelchzipfel, der Einjährige Knäuel *(Scleranthus annuus)* ist einfarbig grün.

Mögliche Lebensbereiche: 2, 3, 4

Flachs-Leimkraut

Flachs-Leimkraut

Silene vinicola

Eigenschaft: ⊙

Rote Liste: Stufe 0 = ausgestorben

Ursprünglich eine Pflanze der Leinäcker, kommt das Flachs-Leimkraut heute nur noch sehr selten vor. Es gilt eigentlich als ausgestorben. Mit dem wieder betriebenen Leinanbau (Flachs) in manchen Gebieten hätte sie ein wenig ihres ursprünglichen Lebensraumes wieder zur Verfügung. Die zart rosafarbenen Blüten sind meist nicht voll geöffnet, dadurch macht die Pflanze einen fast „traurigen" Eindruck. Wo sie auftritt, ist ihre Erhaltung ein Gebot des Artenschutzes. Ernten Sie den Samen und bringen Sie ihn in eine entsprechende Institution, die sich mit der Erhaltung von seltenen Pflanzen befasst.

Mögliche Lebensbereiche: 1, 2, 7

Wasserdarm
Stellaria aquatica

Eigenschaften: ♃ ✿

Der Wasserdarm ist ein meist ausdauerndes, starkwüchsiges, bis 40 cm hohes Kraut. Als Nässezeiger kommt er an feuchten Stellen in Auwäldern vor, in feuchten Gräben, auf zeitweise überfluteten Lehm-, Ton- oder Schlammböden. Im Garten ist seine Kultur im Bereich von Feuchtbiotopen möglich. Er sollten aber nicht in der Nachbarschaft von schwachwüchsigen Pflanzen verwendet werden, die er problemlos überwuchern kann.

Möglicher Lebensbereich: 5

Wasserdarm

Gras-Sternmiere
Stellaria graminea

Eigenschaften: ♃ ✿ W

Die Gras-Sternmiere kommt in Gebüschen und an Wegrändern, auf sandig-humosen, leicht sauren Lehmböden vor.

Sie ist eine flache, am Boden aufliegende Staude, deren Blüten von Mai bis Juli erscheinen. Die Pflanze wächst sehr dicht, sodass schwache Pflanzen behindert werden. Im Garten eignet sie sich gut zur Verwendung auf sonnigen Böschungen.

Die Gras-Sternmiere vermehrt sich stark durch die zahlreichen Samen. Wird sie aber zu üppig, lässt sie sich leicht reduzieren.

Möglicher Lebensbereich: 3

Gras-Sternmiere

Hain-Sternmiere

Hain-Sternmiere
Stellaria nemorum ssp. *nemorum*

Eigenschaften: ♃ ✿ W

Eine ausdauernde Pflanze der Misch- und Laubwälder auf feuchten, von Grundwasser durchzogenen, lockeren, lehmigen Böden. Sie blüht vom Frühling bis in den Sommer. Im Garten eignet sich die Hain-Sternmiere gut für den halbschattigen, feuchten Gehölzrand. Wie alle Stellariaarten kann sie auch als Wildgemüse verwendet werden.

Mögliche Lebensbereiche: 1, 5

Kahles Bruchkraut
Herniaria glabra

Kahles Bruchkraut

Eigenschaften: ⊙ ⤳

Das Kahle Bruchkraut ist ein flach wachsendes Kraut auf sandigen, sommerwarmen und mäßig nährstoffreichen Lagen, wie z. B. Sandtrittrasen. Es kommt von der Ebene bis in mittlere Gebirgslagen vor. Das Kraut, das früher als Heilpflanze gegen Bruchleiden verwendet wurde, hat kleine und unscheinbare Blüten. Im Garten wächst es nur an entsprechend warmen Stellen. Eine Verwendungsmöglichkeit wäre als Fugenpflanze in Trittplattenwegen und Steinmauern. Die Gefährdung von Nachbarpflanzen im Garten ist nicht zu befürchten. Dem Kahlen Bruchkraut sehr ähnlich ist das selten vorkommende Behaarte Bruchkraut *(Herniaria hirsuta)*. Es weist eine borstige Behaarung auf.

Mögliche Lebensbereiche: 3, 4

Gewöhnliche Kornrade
Agrostemma githago

Eigenschaften:

Rote Liste: Stufe 3 = gefährdet

Diese schöne einjährige Pflanze war früher ein gefürchtetes Unkraut der Getreidefelder. Die giftigen Samen wurden mit vermahlen und das Mehl verlor dadurch an Wert. Die Gewöhnliche Kornrade war vor einigen Jahren bereits stark in ihrem Bestand bedroht und wird jetzt wieder vermehrt kultiviert.

Im Garten ist sie als Sommerblume, für den Schnitt und als Lückenfüller im Staudenbeet gut geeignet.

Mögliche Lebensbereiche: 2, 3, 7

Gewöhnliche Kornrade

Mastkraut
Sagina sp.

Eigenschaften:

Das Niederliegende Mastkraut *(Sagina procumbens)* trifft man oft auf Äckern und Ruderalplätzen und in Trittpflanzengesellschaften an. Es ist eine ausdauernde, bis 5 cm hoch wachsende Pflanze mit unscheinbaren Blüten und schmalen, stachelspitzigen Blättern. Das Niederliegende Mastkraut siedelt sich oft dort an, wo viel gegangen wird, wie z. B. auf Plattenwegen und zwischen Pflastersteinen.

Diese Unempfindlichkeit macht man sich zu Nutze und setzt an solchen Stellen im Garten das Pfriemen-Mastkraut *(Sagina subulata)*, das kompakter wächst. Manchmal ist es auch als Grabpflanze (Sternmoos) zu finden.

Mögliche Lebensbereiche: 3, 4

Mastkraut

Rote Lichtnelke

Die folgenden Arten der Lichtnelke wechseln ihre Gattungs- und Artnamen immer wieder nach den Erkenntnissen der botanischen Forschung.

Rote Lichtnelke

Silene dioica, auch: *Melandrium rubrum, Melandrium silvestre, Melandrium dioicum, Lychnis dioica*

Eigenschaften:

Die Rote Lichtnelke ist eine dekorative zweijährige Erscheinung auf frischen, nährstoffreichen Wiesen und auf Ödland, oft auch auf Waldschlägen. Sie ist eine Hummel- und Tagfalterblume und sollte auch im Garten ihren Platz finden.

Mögliche Lebensbereiche: 1, 6

Weiße Lichtnelke

Weiße Lichtnelke

Silene latifolia ssp. *alba*, auch: *Silene alba, Silene pratensis, Lychnis alba, Lychnis vespertina, Melandrium album*

Eigenschaften:

Die Weiße Lichtnelke besiedelt als Nachtfalterblume ebenfalls Ödland, Wege- und Ackerränder. Sie liebt nährstoffreiche, sandige Lehmböden, gedeiht aber auch auf weniger gutem Land. Die Pflanze wurzelt bis zu 60 cm tief, ihre Blüten öffnen sich erst am Abend vollständig.

Mögliche Lebensbereiche: 1, 6

Vogelmiere

Vogelmiere
Stellaria media

Eigenschaften: ⊙ ⇝ W

Die Vogelmiere wird auch als „Hühnerdarm" bezeichnet. Sie ist auf nährstoffreichen Böden häufig anzutreffen. Schon im Spätwinter, sobald der Schnee weg ist, kommen die überwinternden Pflanzen zur Blüte.

Dass sie auch als gutes Wildgemüse gilt, ist wenig bekannt. Der Geschmack ist angenehm nussartig. Die Vogelmiere wird auch von den Vögeln gerne gefressen.

Auf Kulturbeeten kann die Pflanze als Bodendecker bestehen bleiben. Wenn sie zu stark wuchert (starke Samenvermehrung), ist eine Reduktion leicht möglich. Im Komposthaufen gehört sie in die Mitte, damit durch die Hitze des Rotteprozesses die Keimkraft der Samen zerstört wird.

Mögliche Lebensbereiche: 2, 7

Chenopodiaceae
Gänsefußgewächse

Ihren Namen hat die Familie der Gänsefußgewächse durch die Blattform der Gattung *Chenopodium* (Gänsefuß), besonders den Weißen Gänsefuß *(Chenopodium album),* bekommen.

Das Hauptvorkommen der Pflanzen befindet sich in Trockengebieten wie den Steppen und Wüsten Vorder- und Zentralasiens sowie Afrikas und Amerikas. Auch auf salzreichen Böden der Meeresküsten finden sich die Pflanzen ein.

Hierzulande siedeln sie in erster Linie am Rand von Äckern und auf Erd- und Schutthügeln. Jeder kennt Erdhügel vom Aushub beim Hausbau oder von anderen Erdarbeiten, wo sich der Gänsefuß in kürzester Zeit ansiedelt.

Aus den Wildformen haben sich auch wichtige Kulturpflanzen entwickelt, die als Gemüse geschätzt werden, etwa Spinat, Mangold, Rote Rübe, Zuckerrübe und Gartenmelde. In jüngster Zeit wurden auch Erdbeerspinat *(Chenopodium foliosum)* und Reismelde *(Chenopodium quinoa)* als Wildgemüse aktuell.

Es handelt sich fast ausschließlich um einjährige Pflanzen mit unscheinbaren zwittrigen (z. B. *Chenopodium*) oder einhäusigen (z. B. *Atriplex*) Blüten, die durch den Wind bestäubt werden (Windblütler). Die einzige Zierpflanze unter ihnen, die als Sommerblume verwendet wird, ist die Sommerzypresse *(Bassia scoparia).* Die Varietät trichophylla verfärbt sich im Herbst blutrot.

Guter Heinrich

Chenopodium bonus-henricus

Eigenschaften: ♃ W

Der Gute Heinrich ist eine bemerkenswerte ein- bis mehrjährige Pflanze, die früher als wilder Spinat verwendet wurde. Im Zuge der Neuentdeckung der Wildkräuter wird der Gute Heinrich heute wieder gärtnerisch genutzt. Das ursprüngliche Vorkommen lag in nährstoffreichen Unkrautbeständen, auf Almen und in Dörfern, als noch nicht alle Wege, Plätze und Raine klinisch sauber waren. Eine wertvolle Nutzpflanze!

Möglicher Lebensbereich: 7

Guter Heinrich

Weißer Gänsefuß

Chenopodium album

Eigenschaften: ⊙ ⬭ W

Die Gattung *Chenopodium* umfasst etwa 120 Arten in aller Welt, wovon der Weiße Gänsefuß hierzulande am häufigsten vorkommt. Man findet ihn überall, wo Erde frisch aufgeführt oder gelagert wird. Er ist eine wahre Pionierpflanze mit reicher Samenproduktion.

Im Garten können einige Pflanzen im Gemüsebeet stehen, oft findet man sie auch im Bereich des Komposthaufens, wo sie gute Voraussetzungen finden. Die Blätter können als Wildgemüse verwendet werden.

Das Gleiche gilt für die Gartenmelde *(Atriplex hortensis)*. Von ihr gibt es auch eine rotlaubige Form, die jedes Gemüsebeet bereichert. Die Blätter können roh gegessen werden.

Möglicher Lebensbereich: 7

Weißer Gänsefuß

Convolvulaceae
Windengewächse

Die Familie der Windengewächse zählt 1.600 Arten in 51 Gattungen, die meist in den Tropen beheimatet sind. Sie ist in Mitteleuropa mit zwei windenden Gattungen sowie einer mediterranen Art vertreten. Letztere *(Convolvulus althaeoides)* hat rosa Blüten und ist bei uns nicht winterhart. Andere Verwandte können hierzulande als einjährige Schlingpflanzen kultiviert werden: die Prunkwinde *(Pharbitis nil, Pharbitis purpurea)* oder die Sternwinde *(Quamoclit coccinea, Quamoclit lobata)*.

Als Ampelpflanze war die Blaue Mauritius *(Convolvulus sabatius)* einige Zeit sehr aktuell. Der stärkste Trend ist zwar vorbei, sie wird aber immer noch im Sortiment angeboten. Am Boden bleibt dagegen die Dreifärbige Winde *(Convolvulus tricolor)*, die sich für Sommerblumenrabatte eignet. Ein gefährlicher Schmarotzer ist die Kleeseide *(Cuscuta)*.

Ackerwinde

Ackerwinde
Convolvulus arvensis

Eigenschaften:

Die Ackerwinde ist eine ausdauernde Pflanze der trockenen und nährstoffreichen Wiesen und Äcker. Im Juli und August sieht man an Straßenrändern und Feldrainen die leuchtenden weiß- bis rosafarbenen Blüten dieser Pflanze. Sie ist ausdauernd, ihre unterirdischen Wurzelausläufer breiten sich sehr gerne aus. Zu verhindern ist sie nur durch konsequentes Ausjäten oder Mulchfolie.

Hat man die Ackerwinde im Garten, kann sie an freien Stellen den Boden bedecken. Wo sich Klettergelegenheiten bieten, nimmt sie diese gerne wahr und klettert an jedem Strauch und auch jedem Grashalm in die Höhe. Gut geeignet ist sie für die Bepflanzung der jetzt häufig zu sehenden Zyklopenmauern aus großen Findlingsblöcken.

Mögliche Lebensbereiche: 3, 4

Gewöhnliche Zaunwinde und Wald-Zaunwinde
Calystegia sepium *Calystegia silvatica*

Eigenschaften: ♃ ✿ ⥽ ═

Die beiden genannten Zaunwindenarten sind einander sehr ähnlich. Sie umschlingen mit starkem Wachstum alles, was in ihre Nähe kommt. Wo das kein Problem ist, ergeben sich dennoch schöne Blütenbilder. Ihre starke Verbreitung erfolgt über die Wurzeln und über die Samen, die im Winter ausfallen. Das händische Ausgraben der Wurzel und Ausläufer ist eine äußerst mühselige Arbeit, die sehr genau durchgeführt werden muss, da jedes kleine Stück wieder austreibt.

Im Garten können sie an dürren Laubgehölzen oder in hohen Koniferen und Thujenhecken emporranken. Am besten aber verwendet man beide Arten an Zäunen (Maschendrahtzäunen), weit entfernt von Staudenrabatten und Ziergehölzen, denn diese werden hoffnungslos überwuchert.

Möglicher Lebensbereich: ⌀

Gewöhnliche Zaunwinde

Europäische Seide

Europäische Seide
Cuscuta europaea

Eigenschaften: ⊙ ⥽

Die Europäische Seide ist ein Schmarotzer, der seine Lebenskraft aus der Wirtspflanze zieht und diese zum Absterben bringt oder zumindest stark schwächen kann. Die Pflanze ist ein blattloses einjähriges Schlinggewächs, das – trotz seiner optischen Reize – im Garten besser nicht auftreten sollte. Sie ist auf bestimmte Wirte angewiesen und kommt daher selten vor. Falls doch, ist sie kaum zu verhindern.

Möglicher Lebensbereich: ⌀

Euphorbiaceae Wolfsmilchgewächse

Die Familie der Wolfsmilchgewächse ist eine der größten im Reich der Blütenpflanzen und umfasst etwa 300 Gattungen mit über 7.000 Arten. Die Hauptverbreitung liegt in den Tropen, besonders in Afrika und Südamerika. Es sind alle Lebensformen vertreten: einjährige Pflanzen, Stauden, Sträucher und Bäume. Zahlreiche Arten haben sukkulenten Charakter und kommen in Trockengebieten vor. Bei Ähnlichkeit dieser Pflanzen mit Kakteen spricht man von Konvergenz. Dabei handelt es sich um die Ausbildung von ähnlichen Merkmalen hinsichtlich Gestalt und Organen bei genetisch verschiedenen Lebewesen gleicher Lebensräume.

Die Blüten der Wolfsmilchgewächse sind Scheinblüten, meist sehr klein und unscheinbar. Was sie attraktiv erscheinen lässt, sind die oft gefärbten Hochblätter *(Brakteen)*. Die meisten Vertreter dieser Familie führen einen Milchsaft in ihren Gefäßen. Bekannte Gattungen sind der Weihnachtsstern und die Kreuzblättrige Wolfsmilch, die oft als Mittel gegen Wühlmäuse angepriesen wird. In unseren Breiten sind die Gattungen *Chamaesyce*, *Euphorbia* und *Mercurialis* heimisch. Gartenpflanzen dieser Familie sind unter anderem *Euphorbia characias, E. dulcis, E. griffithii, E. myrsinites, E. palustris, E. polychroma,* um nur einige zu nennen.

Garten-Wolfsmilch

Garten-Wolfsmilch
Euphorbia peplus

Eigenschaften:

Eine einjährige Pflanze mit unscheinbaren gelbgrünen Blüten, die sich sehr stark durch Samen ausbreitet. Sie ist besonders in Gärten stark verbreitet. Die Pflanze wird etwa 10 cm hoch, führt Milchsaft und ist im Garten lästig, wenn sie zwischen Blattgemüse wächst und bei dessen Ernte natürlich aussortiert werden muss.

Nur auf offenen Böden ist ihr Auftreten durch Bodenbearbeitung einfach zu verhindern, sonst ist eher ein langwieriges Ausjäten erforderlich.

Möglicher Lebensbereich: Ø

Gefleckte Wolfsmilch

Sonnenwend-Wolfsmilch

Euphorbia helioscopia

Eigenschaften: ⊙ ✿

Die Sonnenwend-Wolfsmilch ist eine Pflanze der Unkrautfluren in Gärten und Weinbergen, ein Kulturbegleiter seit der jüngeren Steinzeit. Sie wird bis 30 cm hoch und ist etwas dekorativer als die Garten-Wolfsmilch.

Mögliche Lebensbereiche: 1, 2

Gefleckte Wolfsmilch

Chamaesyce (Euphorbia) maculata

Eigenschaften: ⊙

Die einjährige Gefleckte Wolfsmilch stammt aus Nordamerika. Sie ist eine eher seltene Pflanze der Trittgesellschaft und kommt auf Wegen und Plätzen, in Pflaster- und Mauerfugen vor. Nachbarpflanzen – die allesamt größer sind – wird sie auf keinen Fall gefährlich. Im Gegenteil, es handelt sich um eine liebenswerte kleinwüchsige Pflanze, die gerade in Schalen und Trögen zur Geltung kommt und sich eng an Steine und an den Boden schmiegt. Die Blüten sind kaum 1 mm groß und unscheinbar, die Blätter wirken durch einen braunen Fleck recht dekorativ.

Mögliche Lebensbereiche: 3, 4

Einjähriges Bingelkraut

Einjähriges Bingelkraut
Mercurialis annua

Eigenschaften: ☉ ☠

Die Pflanze ist nach dem römischen Gott Merkur, Gott der Kaufleute, benannt. Beheimatet ist sie in Europa, Nordafrika und Südwestasien, wo sie auf Ödland, Schutt, in Weinbergen und vorwiegend in Gemüsefeldern vorkommt. Das Einjährige Bingelkraut liebt humose und nährstoffreiche Böden und vermehrt sich durch Selbstaussaat. Es wird 10 bis 40 cm hoch. Die Blätter sind länglich eiförmig und lang gestielt, die Blüten klein und unscheinbar ohne Hochblätter wie bei vielen Gewächsen dieser Familie.

Die Pflanze enthält giftige Glykoside, aber keinen Milchsaft wie die anderen Wolfsmilchgewächse. Sie kann im Nutzgarten auftreten und soll vor der Blüte entfernt oder als Mulch verwendet werden.

Eine Verwandte ist das Ausdauernde Bingelkraut *(Mercurialis perennis)*, das in Laubwäldern auf Kalk gemeinsam mit Buschwindröschen und Bärlauch vorkommt.

Möglicher Lebensbereich: Ø

Fabaceae
Schmetterlingsblütler, Hülsenfrüchtler

Diese Familie ist unter dem alten Namen *Leguminosae* noch gut bekannt. Sie ist eine der größten Pflanzenfamilien mit etwa 13.000 Arten, die über den ganzen Globus verbreitet sind. Zur ihr zählen zahlreiche Nutzpflanzen (z. B. Erbsen, Bohnen, Puffbohne, Erdnuss, Klee, Luzerne, Wicken) sowie Heilpflanzen (z. B. Süßholz, Geißraute) und schöne Zierpflanzen (z. B. Lupine, Blauregen, Ginster, Goldregen, Blasenstrauch, Robinie, Erbsenstrauch, Korallenstrauch, Kassie, Mimosen und viele mehr). An den Wurzeln der meisten Leguminosen befinden sich Knöllchenbakterien, die den Luftstickstoff binden und im Boden verfügbar machen, daher sind sie wertvolle Gründüngungspflanzen.

Klee
Trifolium sp.

Kleearten sind Bestandteil vieler Wiesen, die oft auch als Untersaat im Landbau verwendet werden. Auch im Garten sollte man gelegentlich einjährigen Klee (Inkarnatklee) zur Bodenverbesserung ausbringen.

Wicken
Vicia sp.

Die Gruppe der Wicken umfasst an die 40 Arten mit einigen Unterarten. Es handelt sich um einjährige oder ausdauernde kletternde Pflanzen mit gefiederten Blättern, wobei die Blätter mit Ranken versehen sind. Die Blütenfarben reichen von Weiß über Gelb bis Rosa, Rot und

Vogel-Wicke

Violett. Die Wicken werden hier nur als gesamte Gruppe behandelt. Mit verschiedenen Unterarten treten unter anderem auf: Futter-Wicke *(Vicia sativa)*, Gelbe Wicke *(Vicia lutea)*, Heide-Wicke *(Vicia orobus)*, Vogel-Wicke *(Vicia cracca)*, Wald-Wicke *(Vicia sylvatica)*, Zaun-Wicke *(Vicia sepium)*, Zottel-Wicke *(Vicia villosa)*.

Sofern ihr Auftreten nicht zu stark ist, können sie im Gehölzsaum belassen werden. In den anderen Lebensbereichen des Gartens sind Wicken wenig erwünscht, da sie das Wachstum anderer Pflanzen, besonders von schwachwüchsigen, behindern können. Bei den kletternden Arten ist eine Reduktion im Jugendstadium gut möglich. Haben sie eine Pflanze einmal erobert, geht das nur noch, indem sie knapp über dem Boden abgeschnitten oder gejätet werden, ohne die Kletterhilfe selbst zu schädigen.

Mögliche Lebensbereiche: 1 oder Ø

Knollen-Platterbse

Knollen-Platterbse

Lathyrus tuberosus

Eigenschaften: ⊙ ✿ W

Die Knollen-Platterbse ist eine Begleitpflanze der Getreidefelder, wo sie am Weizen oder am Roggen hochklettert. Die schönen rosa Blüten machen die Pflanze dekorativ. Sie kann im Garten verbleiben, da sie wenig wuchert und auch keine Gefahr für andere Pflanzen ist. Die Wurzelknollen sind geröstet essbar. Man könnte die Knollen-Platterbse auch als einjährige Kletterpflanze kultivieren.

Mögliche Lebensbereiche: 1, 2, 7

Fumariaceae
Erdrauchgewächse

Diese relativ junge botanische Familie war früher den Mohngewächsen zugeordnet. Sie umfasst zehn Gattungen, darunter neben *Fumaria* auch das bekannte Tränende Herz *(Dicentra)* und den Lerchensporn *(Corydalis)*.

Gewöhnlicher Erdrauch
Fumaria officinalis

Eigenschaften: ⊙ ✿ ⚕

Aus der Nähe betrachtet ist diese Pflanze ein kleines Juwel. Sie kommt in den Unkrautfluren von Gärten und Weinbergen vor und ist ein Kulturbegleiter und Gareanzeiger (Bodenverhältnisse) alter Kulturböden. Die kurzlebige Pflanze zeigt meist einen guten Boden an, in dem ein ausgeglichenes Verhältnis zwischen Bodenwasser und Bodenluft herrscht. Sie wurde früher auch als Heilpflanze geschätzt.

Mögliche Lebensbereiche: 2, 3, 4, 7

Rankender Erdrauch

Rankender Erdrauch
Fumaria capreolata

Eigenschaften: ⊙ ✿ ⚕

Der Rankende Erdrauch klettert bis 1 m hoch und zählt zu den schönsten Arten der Gattung. Die Blüten sind jenen des Lerchensporns ähnlich und an der Spitze dunkler ausgebildet. Wo immer diese Arten auftreten, stellen sie keine Behinderung der anderen Pflanzen dar. Bei massenhaftem Erscheinen lassen sie sich leicht reduzieren.

Mögliche Lebensbereiche: 2, 3, 4

Geraniacea
Storchschnabelgewächse

Die Storchschnabelgewächse sind eine sehr wichtige Familie, enthalten sie doch wertvolle Arten der heimischen Flora. Der deutsche Name leitet sich von der Form der Samen ab, die an einen langen Schnabel erinnern. Weil es sich um meist anspruchslose Pflanzen mit schönen Blüten und ansprechendem Laub handelt, finden sie im Garten- und Landschaftsbau häufige Verwendung. Zur Familie gehört auch die Gattung *Pelargonium*, die bei uns als Sommerblume verwendet wird.

Ruprechtskraut

Ruprechtskraut
Geranium robertianum

Eigenschaften:

Das Ruprechtskraut ist ein einjähriges Storchschnabelgewächs, benannt nach einem Gehilfen von Carl von Linné. Wegen des etwas strengen Geruches seines Gehilfen Robert, der vermutlich mit der Reinlichkeit auf Kriegsfuß stand, nannte Linné diese Art mit dem eigenartigen Geruch *Geranium robertianum*.

Es handelt sich um ein hübsches einjähriges Kraut, das ein Nährstoffanzeiger im Waldbereich ist und sich an ihm zusagenden Stellen durch Selbstaussaat verbreitet.

Im Garten setzt es in halbschattigen Bereichen als Unterpflanzung von Gehölzen oder höheren Stauden einen hübschen Akzent. Die Blüten sind meist rosa, manchmal treten auch weiße Formen auf, die als Sorte 'Celtic White' sogar im Samenhandel angeboten werden. Falls die Pflanze zu stark auftritt, lässt sie sich leicht entfernen. Auch in der Heilkunde findet sie Verwendung. Die feinen Wurzeln bereiten den Boden gut auf.

Mögliche Lebensbereiche: 1, 2, 3

Pyrenäen-Storchschnabel
Geranium pyrenaicum

Pyrenäen-Storchschnabel

Eigenschaften: ♃ ✿

Der Pyrenäen-Storchschnabel ist eine ausdauernde Pflanze und kommt vor allem auf Wiesen im Randbereich von Gehölzen vor. Die rosafarbenen, dunkel geaderten Blüten sind zierlich, wirken aber dennoch dekorativ. Die Pflanze wird je nach Standort bis 50 cm hoch und sollte dem natürlichen Vorkommen entsprechend belassen werden. Sie kann auch zur Auflockerung zwischen Blattstauden dienen.

Mögliche Lebensbereiche: 1, 6

Rundblättriger Storchschnabel
Geranium rotundifolium

Eigenschaften: ☉ ⬭

Eine einjährige Pflanze an Wegrändern, trockenen Mauern und Schuttflächen. Die Blüten sind kleiner und wenig dekorativ. Eine robuste Art für sehr trockene Standorte, die sich an ihr zusagenden Flächen selbst ansiedelt.

Mögliche Lebensbereiche: 3, 4

Gewöhnlicher Reiherschnabel

Gewöhnlicher Reiherschnabel
Erodium cicutarium

Eigenschaften: ☉ ⬭ ✿

Der Gewöhnliche Reiherschnabel ist ein zierliches einjähriges Kraut, das auf trockenen, sandigen und sauren Böden vorkommt. Es trägt außer den schönen Blüten auch eine hübsche Belaubung mit doppelt fiederspaltigen Blättern und einer dem Boden aufliegenden Rosette. Die Pflanze ist in Steppenanlagen, Felssteppen, Geröllfluren und Steinanlagen gut zu verwenden.

Mögliche Lebensbereiche: 3, 4

Lamiaceae (Labiatae)
Lippenblütler

Wer kennt nicht die weithin leuchtenden blauen Hänge im Mai, wenn der Wiesensalbei auf den trockenen Böschungen beiderseits der Straßen blüht? Zum Glück werden diese Hänge extensiv gepflegt, sodass sich dort eine sehr artenreiche Flora einstellen konnte. Der Wiesensalbei *(Salvia pratensis)* gehört zu den bekanntesten Vertretern dieser Familie, der sehr viele Heil- und Gewürzpflanzen, aber auch schöne Gartenarten und -sorten angehören. Die Familie der Lippenblütler ist sehr formenreich. Sie umfasst etwa 3.200 Arten in 200 Gattungen. Es sind weltweit vorkommende Kräuter und auch Kleingehölze. Das Hauptverbreitungsgebiet sind der Mittelmeerraum und Vorderasien, aus Mexiko und Mittelamerika sind auch zahlreiche Salbeiarten bekannt. Bekannte Gewürz-, Duft- und Heilpflanzen sind Salbei, Rosmarin, Thymian, Basilikum, Lavendel, Minzearten, Melisse, Dost, Gamander und andere. Typisch sind die oft vierkantigen Stängel und natürlich die Blüten mit dem Bestäubungsmechanismus beim Wiesensalbei.

Gewöhnlicher Gundermann, Gundelrebe
Glechoma hederacea

Eigenschaften: ♃ ✿ ∿ ⚘ W

Der Gundermann ist bei vielen Gartenbesitzern unbeliebt, weil er im Rasen vorkommt, vom Rasenmäher nicht erfasst wird und mit seinen langen, sich bewurzelnden Ausläufern die Rasengräser verdrängt. Reduziert werden kann er deshalb nur durch Vertikutieren und Ausrechen. Allerdings stört die Pflanze in der Blumenwiese nicht, denn dort kann sie sich nicht so durchsetzen wie im Rasen, da die Konkurrenz größer ist.

Im Garten kann der Gundermann als Bodendecker in mehreren Lebensbereichen seine Funktion erfüllen. Stärkere Pflanzen werden nicht

behindert. Die zarten blauen Blüten und das zierliche Laub sind nicht aufdringlich. Wenn er eine andere Pflanze zu sehr bedrängt oder überwuchern will, ist es kein Problem, ihn zu reduzieren.
Der Gundermann ist auch eine hervorragende Heilpflanze und schon seit Hildegard von Bingen bekannt. Als Wildgemüse kann man einige Blätter in den Salat oder Spinat geben.

Mögliche Lebensbereiche: 1, 2, 3, 4

Gewöhnlicher Gundermann, Gundelrebe

Gefleckte Taubnessel

Lamium maculatum

Eigenschaften: ♃ ✿ ⁓ W

Die Gefleckte Taubnessel kommt im lockeren Gebüschsaum im Halbschatten auf humosen Böden vor. Sie ist stickstoffliebend und bildet lange Ausläufer. Die Pflanze wirkt zierend durch die Blüten, die gerne von Hummeln besucht werden.
Im Garten kommt sie in Schattenpflanzungen gut zur Geltung. Sie ist keine Gefahr für angrenzende Pflanzen, da sie nicht tief wurzelt und sich leicht im Zaum halten lässt. Die jungen Sprossen, Blätter und Blüten sind als Wildgemüse verwendbar.

Mögliche Lebensbereiche: 1, 2

Gefleckte Taubnessel

Rote Taubnessel

Lamium purpureum

Eigenschaften: ⊙ ✿ ≡ W ∅

Die Rote Taubnessel ist ein einjähriger Vertreter der Acker-Unkrautfluren und tritt auf Brachflächen oft massenhaft auf, sodass die ganze Fläche zur Blütezeit wie ein roter Teppich erscheint. Im Garten ist die Pflanze eher selten anzutreffen und auch entbehrlich, da die Gefleckte Taubnessel attraktiver ist.

Möglicher Lebensbereich: ∅

Ross-Minze

Gewöhnliche Braunelle

Ross-Minze

Mentha longifolia

Eigenschaften: 4 ~ ≡

Eine stattliche, bis 1 m hohe Pflanze der Ufer, Gräben und Nassweiden. Sie ist ein Nässezeiger und kommt auch oft in Straßengräben vor. Die Ross-Minze ist eine von vielen Minzearten mit einem deutlichen Minzegeruch, aber keine Teepflanze.

Sie verbreitet sich stark durch Wurzelausläufer, ihre Verwendung ist deshalb nur in größeren Garten- oder Parkanlagen möglich.

Mögliche Lebensbereiche: 5 oder Ø

Gewöhnliche Braunelle

Prunella vulgaris

Eigenschaften: 4 ✿ ~ W

Die Gewöhnliche Braunelle ist eine Staude der Fettweiden und Rasen und bevorzugt nährstoffreiche Lehm- und Tonböden. Es handelt sich dabei um ein so genanntes „Rasenunkraut“, das nicht mehr bekämpft wird. Da die Braunelle ganz flach dem Boden aufliegt, widersteht sie auch dem kurzen Rasenschnitt durch den Mäher.

Sie wächst in der Wiese gemeinsam mit vielen anderen Kräutern und macht keine Arbeit. Außerdem ist sie als Wildgemüse vielseitig verwendbar. Vorsicht ist wegen der Bienen geboten, da sich die Blütezeit über die ganze Vegetationsperiode erstreckt. Die Gewöhnliche Braunelle hat größere Verwandte wie die Große und die Weiße Braunelle sowie die Gartenform *Prunella* x *webbiana*, die auch in Staudenrabatten verwendet werden kann.

Mögliche Lebensbereiche: 2, 6

Hohlzahn
Galeopsis

Zur Gattung *Galeopsis* gehören einjährige Kräuter der Unkrautfluren, Schlaggesellschaften und Steinschuttfluren, die meist auf feuchteren Böden zu finden sind. Von den angeführten Arten können die ölhaltigen Samen zur Gewinnung von Speiseöl verwendet werden.

Bunter Hohlzahn

Bunter Hohlzahn
Galeopsis speciosa

Eigenschaften: ⊙ ✿ ✂
Der Bunte Hohlzahn ist die schönste Art. Er wird über 1 m hoch und kommt auf humosen, gut feuchten, lockeren, nährstoffreichen Böden vor. Im Garten geeignet für den Gehölzrand in absonnigen, halbschattigen, nicht zu trockenen Lagen. Auch als Schnittblume verwendbar.
Mögliche Lebensbereiche: 1, 5

Gewöhnlicher Hohlzahn

Gewöhnlicher Hohlzahn
Galeopsis tetrahit

Eigenschaften: ⊙ ✿
Die Pflanze wird bis 60 cm hoch und hat zahlreiche kleine rote Blüten.
Sie ist im Garten als Begleitpflanze in Staudenpflanzungen gut geeignet, da sie die freien Flächen ausfüllt und bei Bedarf entfernt oder zurückgeschnitten werden kann.
Mögliche Lebensbereiche: 1, 2

Malvaceae
Malvengewächse

Die Familie der Malvengewächse ist sehr vielfältig, umfasst zumeist hübsch blühende einjährige Kräuter, Stauden und Gehölze in 80 Gattungen und 1.500 Arten. Das Verbreitungsgebiet erstreckt sich hauptsächlich auf die Tropen und Subtropen.

Der bekannteste Vertreter ist der Garteneibisch, ein sommer- bis herbstblühender Strauch. Aus der Heilkunde sind die Wilde Malve *(Malva sylvestris)* und der Echte Eibisch *(Althaea officinalis)* zu nennen. Für die Wohnung gibt es den im Winter blühenden Roseneibisch *(Hibiscus rosa-sinensis)*, mit bis zu 12 cm großen Blüten. In den letzten Jahren haben die Sorten des Amerikanischen Sumpfeibischs *(Hibiscus moscheutos)* als Hybriden mit den riesigen Blüten (bis 20 cm) einen Platz in den Gärten erobert. Sie sind als Kübelpflanzen und auch direkt ausgepflanzt geeignet. Weitere bekannte Gartenpflanzen sind die Stockrose *(Alcea rosea)* und die Strauchmalve *(Lavatera)* in vielen Sorten. Als Kübelpflanzen kennt man die Samtpappel *(Abutilon)* in vielen Sorten und auch für die Sommerrabatte gibt es zahlreiche Arten. Nicht zuletzt gibt es auch Arten, die als Gemüse gezogen werden, wie Okra oder Bisameibisch *(Abelmoschus esculentus)*, von dem die jungen Früchte gekocht essbar sind. Eine der wichtigsten Nutzpflanzen weltweit ist die Baumwolle *(Gossypium)* in mehreren Arten, von der die Früchte (das sind die von einem dichten Haarfilz umgebenen Samen) geerntet und weiterverarbeitet werden. Es handelt sich also um eine sehr vielgestaltige Familie, unter der es auch einige Beikräuter gibt.

Chinesische Samtpappel
Abutilon theophrastii

Eigenschaften: ⊙ ✿ ♣ ✂

Diese einjährige Pflanze stammt aus Vorder- und Zentralasien und wird in China als Faserpflanze kultiviert. Sie kommt mittlerweile in ganz Europa und auch in vielen Teilen der Welt vor. Die Pflanze wird bis 2 m hoch, hat kleine hellgelbe Blüten und tritt vorwiegend als Ackerunkraut auf. Besorgnis erregende Vermehrungsraten sind bis jetzt nicht bekannt. Möglicherweise erfolgte die Verbreitung auch durch verunreinigtes Vogelfutter. Am dekorativsten sind die Samenstände, die für Trockensträuße gut geeignet sind. Man könnte sie in einjährigen Blumenmischungen verwenden, um Dekorationsmaterial für die Blumenbinderei zu erhalten.

Mögliche Lebensbereiche: 2, 7

Chinesische Samtpappel

Wegmalve
Malva neglecta

Eigenschaften: ⊙ ⊙ ✿ W

Ein- bis zweijährige Pflanze der Acker- und Gartenunkraut-Gesellschaften, an Mauern, Wegen und Mistplätzen. Sie ist ein Stickstoffanzeiger und Kulturbegleiter. Heute weltweit verbreitet wächst sie bis in Höhen von 900 m. Die Wegmalve wächst breit ausladend bis kriechend, die Blüten sind klein und hellrosa, die Blätter nur wenig gelappt.

Mögliche Lebensbereiche: 3, 4

Wegmalve

Onagraceae
Nachtkerzengewächse

Die Familie umfasst etwa 500 Arten, wovon die meisten in den gemäßigten Zonen Nordamerikas heimisch sind. Die bekanntesten Vertreter der Nachtkerzengewächse sind Fuchsien, die aus unseren Gärten nicht mehr wegzudenken sind, sowie Nachtkerzen (*Oenothera*) und die vielseitigen Arten der Weidenröschen (*Epilobium*).

Gewöhnliches Hexenkraut
Circaea lutetiana

Eigenschaften: ♃ ✿ ⬭ ⇝

Das Gewöhnliche Hexenkraut ist eine Pflanze der schattigen Wälder, die im Juli und August zierliche weiße Blüten trägt und zusätzlich eine schöne Belaubung aufweist. Die Samen sind mit kurzen Hakenhaaren besetzt, bleiben dadurch an der Kleidung oder im Fell von Tieren hängen und werden so weiterverbreitet. Im Garten ist das Hexenkraut als Unterwuchs von Gehölzen sehr gut geeignet, auch unter höheren und robusten Stauden kann es seine Funktion als Bodendecker und Lückenschließer erfüllen. Es wuchert mäßig, die Rhizome lassen sich meist leicht aus dem Boden herausziehen.

Mögliche Lebensbereiche: 1, 2

Gewöhnliches Hexenkraut

Weidenröschen
Epilobium sp.

Eigenschaften: ⊙ ✿ W

Zur Gruppe der kleinblütigen Arten gehört das Kleinblütige Weidenröschen *(Epilobium parviflorum)*, das durch die Kräuterfrau Maria Treben bekannt wurde. Die anderen Arten dieser Gruppe sind einander alle ähnlich: Lanzettblättriges Weidenröschen *(Epilobium lanceolatum)*, Berg-Weidenröschen *(Epilobium montanum)* und viele mehr.

Sie alle sind zarte Begleitpflanzen, die sich durch Selbstaussaat gut verbreiten. Ihre Wurzeln sind eher schwach entwickelt und lassen sich leicht aus dem Boden ziehen. Die Pflanzen kommen an eher feuchten Stellen vor, auch im Garten siedeln sie sich dort an. Ihre Samen sind mit Flughaaren besetzt und werden vom Wind über weite Strecken transportiert.

Mögliche Lebensbereiche: 1 oder ⌀

Weidenröschen

Zottiges Weidenröschen
Epilobium hirsutum

Eigenschaften: ♃ ✿ ⤳ W

Eine attraktive, bis 2 m hoch wachsende Staude für feuchte Lagen. Im Garten ist sie für Teichränder und Uferbepflanzungen gut geeignet, muss jedoch infolge der starken Ausläuferbildung gelegentlich reduziert werden.

Mögliche Lebensbereich: 5

Gewöhnliche Nachtkerze

Gewöhnliche Nachtkerze
Oenothera biennis

Eigenschaften: ⊙ ✿ W

Die Nachtkerze, ein Neophyt, der aus Nordamerika eingewandert ist, hat sich längst in Europa eingebürgert. Die zweijährige Pflanze entwickelt im ersten Jahr die Blattrosette, im zweiten den Blütenstand. Die großen gelben Blüten öffnen sich abends und schließen sich am nächsten Vormittag. Die Wurzeln der Nachtkerze („Schinkenwurz") werden als Wildgemüse verwendet. Sie müssen vor der Blüte geerntet werden. Aus den Samen wird ein wertvolles Öl für die Kosmetik gepresst. Im Garten siedelt sich die Nachtkerze an sonnigen und trockeneren Stellen an oder kann dort verwendet werden.

Mögliche Lebensbereiche: 1, 3, 6

Oxalidaceae
Sauerkleegewächse

Zur Familie der Sauerkleegewächse gehören nach der neuesten Systematik nur drei Gattungen mit 875 Arten. Die bekannteste Art dieser Familie ist der Wald-Sauerklee *(Oxalis acetosella)*, eine Pflanze der schattigen Laubwälder. Seine Blätter schmecken angenehm säuerlich und können als Beigabe zu Salaten dienen. Wegen der enthaltenen Oxalsäure sollte nicht zu viel verwendet werden. Die Gattung *Oxalis* umfasst schöne Garten- und Zimmerpflanzen, oft mit dekorativer Blattzeichnung, wie die bekannte Art *Oxalis tetraphylla*, die zu Silvester als Glücksklee geschenkt wird. Als Beikräuter treten die im Folgenden aufgeführten Arten auf.

Aufrechter Sauerklee

Aufrechter Sauerklee
Oxalis stricta

Eigenschaften:

Dieses einjährige Kraut vermehrt sich durch Selbstaussaat sehr stark und kann in Pflanzungen von niedrigen Stauden und Blumenzwiebeln lästig werden. Am besten kommt der Aufrechte Sauerklee an sehr mageren Standorten wie Mauer- und Plattenfugen zur Geltung. Er wird etwa 20 bis 30 cm hoch und trägt hübsche gelbe Blüten. Trotzdem muss man regulierend eingreifen und die Pflanzen während der Blüte jäten.

Möglicher Lebensbereich: 3

Hornfrüchtiger Sauerklee

Hornfrüchtiger Sauerklee
Oxalis corniculata

Eigenschaften: ⊙ ♃ ✿ ⬭

Eine exakte Bestimmung ist wegen unterschiedlicher Angaben in der Literatur nicht möglich. Bedingt durch das rote Laub und die gelben Blüten ist dieser Sauerklee eigentlich eine attraktive Erscheinung. Er bleibt ganz niedrig, wächst einjährig bis ausdauernd und ist schwer zu entfernen, da er sehr lange Wurzeln ausbildet.

Im Garten wird die Pflanze in Plattenfugen, an Wegrändern und zwischen höheren Pflanzungen nicht stören. Sehr lästig kann sie jedoch im Vermehrungsbeet und in anderen Anzuchtbereichen werden. Hat sie sich einmal in Töpfen eingenistet, so muss zumeist ausgetopft werden, um die Pflanze restlos entfernen zu können.

Mögliche Lebensbereiche: 3, 4

Papaveraceae
Mohngewächse

Leuchtende Flächen von rotem Mohn sind keine Seltenheit mehr, seit viele Felder per Gesetz brachliegen. Die Familie der Mohngewächse umfasst krautige Pflanzen, Einjährige und Stauden, mit wenigen Gattungen und etwa 700 Arten.

Viele Arten des Mohns führen Milchsaft und manche davon – wie der Schlafmohn – enthalten Alkaloide, aus denen Opium und Morphium gewonnen wird, aber auch Mohnsamen, die in der Küche vielseitig verwendbar sind. Außer dem bekannten Klatschmohn der Felder gibt es ausdauernde Arten wie den Orientalischen Mohn *(Papaver orientale)* als wunderbare Gartenpflanze, den Kalifornischen Baummohn *(Romneya)*, der nur in sehr warmen Lagen gedeiht, und den Alpenmohn *(Papaver alpinum)*, der in Höhen bis über 3.000 m vorkommt. Die schönsten Vertreter der Familie gehören der Gattung *Meconopsis* (Scheinmohn) an, der in Zentral- bis Ostasien vorkommt.

Schon Heinrich Harrer beschreibt in einem seiner Expeditionsberichte in einer Gegend in Nepal die wunderschöne blaue Blume, die sich später als *Meconopsis*-Art herausgestellt hat.

Klatschmohn

Klatschmohn
Papaver rhoeas

Eigenschaften: ⊙ ✿ W

Verirrt sich diese Art, die als Getreideunkraut eingewandert ist, in den Garten, so kann sie in vielen Bereichen zugelassen werden, sei es in einer mageren Blumenwiese, in einer Staudenrabatte, zwischen Sommerblumen oder auch am Gehölzrand. Die einzelne Blüte hält nur kurz, daher ist sie für den Schnitt nicht geeignet. Eine Pflanze produziert aber in der Blühperiode eine Vielzahl von Blüten, sodass der Flor von Mai bis Juli anhält. Da auch eine starke Samenproduktion erfolgt

Schöllkraut

(20.000 pro Pflanze), ist der Bestand gesichert und eine Überzahl lässt sich leicht reduzieren.

Der Sandmohn *(Papaver argemone)* ist dem Klatschmohn ähnlich, die Blütenblätter sind aber schmäler und die Fruchtkapseln schmal keulenförmig.

Mögliche Lebensbereiche: 1, 2, 3, 6

Schöllkraut
Chelidonium majus

Eigenschaften: ♃ ✿ ⚕

Diese Staude kommt in Unkrautfluren an Wegen, Wald- und Heckensäumen vor. Sie bevorzugt Halbschatten bis Schatten und braucht feuchte Böden. Das Schöllkraut ist ein Stickstoffanzeiger und Kulturbegleiter und als „Warzenkraut" weithin bekannt. Sein gelber Milchsaft kann gegen Warzen und andere Hautkrankheiten wirksam eingesetzt werden.

Nach Angaben von Maria Treben gibt es noch zahlreiche andere Leiden, die durch das Schöllkraut heilbar sind. Im Garten kann es im Schatten von Steinmauern oder im schattigen Gehölzrand gedeihen. Es wird nie zur Plage.

Mögliche Lebensbereiche: 1, 4

Plantaginaceae
Wegerichgewächse

An die 260 Arten der Gattung *Plantago* sind über die ganze Erde verbreitet, am häufigsten jedoch in der gemäßigten Zone. Alpine Arten sind *Plantago alpina*, *Plantago nivalis* und *Plantago rigida*. Auch Gemüsepflanzen wie der Krähenfuß-Wegerich *(Plantago coronopus)* gibt es. Eine interessante Art ist der Strandling *(Littorella uniflora)*, eine kleine mitteleuropäische Uferpflanze, die leicht übersehen wird.

Großer Wegerich oder Breitwegerich
Plantago major

Breitwegerich

Eigenschaften: ♃ ⬭ W

Dieser Wegerich findet sich auf Flächen, die stark begangen oder befahren werden. Als typische Rosettenpflanze liegen seine Blätter dort, wo starke Beanspruchung vorherrscht, auf dem Boden flach auf. Dort wo keine Verdichtung durch Begehen erfolgt, sind die Blätter eher aufrecht und können als Wildgemüse geerntet werden. Einzelne Exemplare sind in allen Bereichen des Gartens wenig störend und mechanisch leicht zu entfernen. Es gibt eine rotlaubige Variante, *Plantago major* ‚Rubra', die unter anderen Blattschmuckstauden zur Anwendung kommen könnte.

Mögliche Lebensbereiche: 3, 5

Spitzwegerich
Plantago lanceolata

Eigenschaften: ♃ ✿ W ⚕

Eine weit verbreitete Pflanze der Wiesen und Weiden auf nährstoffreichen Lehm- und Sandböden. Die Pflanze ist als Heilpflanze bekannt und kann als Wildgemüse verwendet werden. Im Garten kann sie an vielerlei Stellen gedeihen, ohne zu stören.

Mögliche Lebensbereiche: 2, 3, 6

Polygonaceae
Knöterichgewächse

Die Pflanzen dieser Familie kommen am häufigsten in der nördlichen gemäßigten Zone vor. Sie umfassen ungeliebte Beikräuter wie die verschiedenen Ampferarten (Gattung *Rumex*), aber auch Nutzpflanzen wie Rhabarber, Sauerampfer, Buchweizen und Gartenpflanzen wie den Schlangenknöterich und den starkwüchsigen Schlingknöterich.

Knötericharten
Fallopia, Persicaria, Polygonum

Viele Gattungen mit bekannten Namen wurden in den letzten Jahren mehrmals umbenannt. In dieser Aufzählung sind die derzeit gültigen Namen aufgeführt.

Ampferblättriger Knöterich

Ampferblättriger Knöterich
Polygonum lapathifolia ssp. lapathifolia

Eigenschaften: ⊙ ✿

Eine sehr dekorative Pflanze, die auf unseren Äckern mit lehmigem Boden oft massenhaft auftritt. Sie wird bis 80 cm hoch und blüht grünlich weiß, manchmal auch rot, vom Sommer bis in den Herbst. Es gibt mehrere Formen, je nach Standort auch mit braun gefleckten Blättern sowie Kreuzungen verschiedener Arten, die sich nicht klar unterscheiden und daher schwer zu bestimmen sind. Die Pflanze kann im Garten als dekoratives Element in fast allen Bereichen geduldet werden, insbesondere auch im Lebensbereich Wasserrand oder Beet zwischen Blattstauden.

Mögliche Lebensbereiche: 2, 5

Donau-Knöterich

Acker-Vogelknöterich

Donau-Knöterich

Polygonum lapathifolia ssp. *brittingeri*

Eigenschaften:

Die hier gezeigte Unterart wurde am Donauufer nahe Engelhartszell (OÖ) gefunden. Ihr typischer Wuchs ist flach am Boden aufliegend. Der Standort zeigt, wo sie im Garten einen geeigneten Bereich findet: im Lebensbereich Wasserrand mit oder ohne Schottergrund. Sie ist dank ihrer roten Stängel auf alle Fälle eine dekorative Erscheinung und verdient mehr Beachtung.

Mögliche Lebensbereiche: 4, 5

Acker-Vogelknöterich

Polygonum aviculare

Eigenschaften:

Dieses flach wachsende, kleine Kraut könnte als Rasenersatz gute Verwendung finden. Leider ist es einjährig und bietet im Winter keinen schönen Anblick. Im Sommer dagegen bildet es dichte Matten, die anspruchslos, robust und strapazierfähig sind. Das natürliche Vorkommen ist an Straßenrändern, zwischen Straßenpflaster und auf stickstoffhaltigen, humosen Lehm- und Sandböden. Staunässe wird nicht vertragen. Die Blüten sind klein und unscheinbar, im Wuchs gibt es verschiedene Formen, von ganz niedrig bis leicht aufsteigend. Im Garten kann der Acker-Vogelknöterich als Trittpflanze in Weg- und Mauerfugen geduldet werden. Er ist eine wertvolle Heilpflanze, die leider völlig in Vergessenheit geraten ist.

Möglicher Lebensbereich: 3

Windenknöterich

Fallopia sp.

Eigenschaften: ☉ ⬭ ξ

Es gibt zwei Arten, die sich sehr ähnlich sind: der Hecken-Windenknöterich *(Fallopia dumetorum)* und der Gemeine Windenknöterich *(Fallopia convolvulus)*. Es handelt sich um windende oder kletternde einjährige Kräuter mit kleinen weißen Blüten. Diese Pflanze ist nie störend, egal ob sie sich an einem Strauch hinaufwindet oder von einer Steinmauer herabhängt. Die rötlichen Stängel bilden zudem einen schönen Kontrast. Auch wenn die Blüten unscheinbar sind, wirken die Ähren grazil und die Blätter zeichnen sich durch eine elegante Form aus. Eigentlich könnten diese Arten als Kletterpflanzen in den Handel kommen und sehr gut an einem Klettergerüst oder Zaun verwendet werden.

Mögliche Lebensbereiche: 1, 4

Hecken-Windenknöterich

Japanischer Flügelknöterich

Japanischer Flügelknöterich

Fallopia japonica

Eigenschaften: ♃

Der Japanischer Flügelknöterich ist eine ausdauernde Staude, die aus Ostasien eingewandert ist beziehungsweise importiert wurde und in Europa verwildert. Sie kann bis 3 m hoch werden und hat einen ungeheuren Ausbreitungsdrang. Die an sich dekorative Pflanze trägt im Spätsommer ansehnliche Blüten, aber die starken Rhizome kriechen überall hin und der dichte Wuchs verdrängt alle anderen Pflanzen. Die Entfernung eines eingewachsenen Bestandes ist äußerst arbeitsintensiv. Es gibt zwar auch Gartenformen, die weniger stark wachsen, trotzdem ist im Garten kein Platz für diese Pflanze, unter Umständen in großen Parkanlagen.

Möglicher Lebensbereich: Ø

Sachalin-Flügelknöterich
Fallopia sachalinensis

Eigenschaften: ♃ ⤳ 👐

Diese Art ist noch robuster als die zuvor beschriebene. Sie wird bis 4 m hoch und verdrängt alles um sich.

Möglicher Lebensbereich: Ø

Ampfer

Ampfer
Rumex

Neben dem bekannten Sauerampfer gibt es von dieser Gattung an die 30 Arten auf den verschiedensten Standorten. Die uns bekannten kommen meist auf feuchten Wiesen mit verdichteten Böden vor. Mit seinen langen Pfahlwurzeln hat der Ampfer die Aufgabe, den Boden zu belüften. Im Garten kann der Große Sauerampfer *(Rumex acetosa)* als Salatpflanze gezogen werden. Der Blutampfer *(Rumex sanguineus)*, der Schild-Sauerampfer *(Rumex scutatus)* und der Gartenampfer *(Rumex patienta)* sind als Gewürzkräuter zu empfehlen. Wichtig ist, dass die Blütenstände zeitgerecht entfernt werden, bevor die Samen ausreifen.

Stumpfblättriger Ampfer
Rumex obtusifolius

Eigenschaften: ♃ ↑ W

Diese mehrjährige Staude kann bis 1 m Höhe erreichen. Im Volksmund wird sie auch als „Altes Ross" bezeichnet. Sie kommt auf verdichteten Böden und als Stickstoffanzeiger auf intensiv gedüngtem Grünland vor. Bei geschlossener Vegetationsdecke gibt es kein Problem, denn sie braucht Rohboden zum Keimen.

Möglicher Lebensbereich: Ø

Primulaceae
Primelgewächse

Die Familie der Primelgewächse enthält zumeist ausdauernde Stauden, einige Halbsträucher und einjährige Kräuter in neun Gattungen mit etwa 900 Arten. Hierzu zählen seltene Blütenpflanzen wie Primeln, Zyklamen, Mannsschild, Heilglöckchen, Wasserfeder und Siebenstern, die vor allem in der gemäßigten Nordhalbkugel, dort aber bis in große Höhen vorkommen können. Allein von der Gattung *Primula* gibt es über 500 Arten, darunter zahlreiche alpine Formen und die phantastischen Primelarten aus dem gesamten asiatischen Bereich. Beikräuter sind in dieser Familie eine Seltenheit. Dennoch gibt es einjährige Kräuter, die dieses Attribut haben.

Acker-Gauchheil
Anagallis arvensis

Eigenschaften: ⊙ ✿

Rote Liste: Stufe r = regional gefährdet

Dieses zarte Pflänzchen gehört zu den bereits sehr seltenen Acker-Beikräutern des Sommergetreides und der Weinberge und steht auf der „Roten Liste der gefährdeten Pflanzen". Es ist ein einjähriger Zwerg unter den Kräutern und wird leicht übersehen. Aus der Nähe betrachtet sind die Blüten sehr reizvoll. Man kann diese zierliche Pflanze im Beet oder unter jeder Pflanzung belassen, denn sie stört nicht und bedeckt doch den Boden.

Ganz ähnlich ist der Blaue Gauchheil *(Anagallis foemina)*, eine blau blühende Varietät, die früher *Anagallis arvensis* var. *caerulea* genannt wurde. Beide Arten sind also eine willkommene Bereicherung des Gartens und passen zu den Sommerblumen.

Mögliche Lebensbereiche: 2, 3, 4, 7

Acker-Gauchheil

Ranunculaceae

Hahnenfußgewächse

Wenn mitten im Winter die ersten Schneerosen *(Helleborus)* blühen, handelt es sich dabei um Mitglieder dieser Familie. Sie umfasst aber zahlreiche weitere Gartenpflanzen wie Akelei, Buschwindröschen, Clematis, Eisenhut, Kuhschelle, Leberblümchen, Rittersporn, Silberkerze, Wiesenraute, Winterling und andere, die uns das Jahr über begleiten und aus dem Garten nicht mehr wegzudenken sind. Die Hahnenfußgewächse sind weltweit vertreten und umfassen 62 Gattungen mit etwa 2.500 Arten. Es sind einjährige und ausdauernde Kräuter und Stauden sowie wenige Gehölze. Interessant ist, dass es verschiedene Blütenformen gibt und zwar radiäre Blüten (Hahnenfuß) und gespornte Blüten (Eisenhut, Akelei, Rittersporn). Auch einige Giftpflanzen gehören dazu, so der Eisenhut *(Aconitum)*, der zu den stärksten Giftpflanzen der heimischen Flora zählt.

Acker-Rittersporn

Acker-Rittersporn und
Consolida regalis

Hyazinthblütiger Sommer-Rittersporn
Consolida ajacis

Eigenschaften:

Diese beiden einjährigen Arten unterscheiden sich nur wenig und finden ihre Verbreitung meist auf Ackerland, in Winter- und Sommergetreide, Weinbergen und teilweise auch in Ödland. Von beiden gibt es mittlerweile Züchtungen für die Sommerblumenrabatte im Garten.

Mögliche Lebensbereiche: 2, 3, 6

Scharfer Hahnenfuß
Ranunculus acris

Eigenschaften: ♃ ✿ ✕

Der gelb blühende Scharfe Hahnenfuß kann auf Feuchtwiesen massenhaft vorkommen. Im Garten ist die Pflanze in der feuchten Blumenwiese und auch im Lebensbereich Wasserrand, also in Feuchtbiotopen, in Kombination mit anderen Pflanzen nicht nur möglich, sondern er gehört dazu.

Mögliche Lebensbereiche: 5, 6

Wolliger Hahnenfuß
Ranunculus lanuginosus

Eigenschaften: ♃ ✿

Eine bis 60 cm hohe Staude der Buchenmischwälder auf nährstoffreichen feuchten Böden. Sie passt gut als Unterpflanzung mit anderen Stauden in Gehölzpflanzungen.

Möglicher Lebensbereich: 1

Kriechender Hahnenfuß
Ranunculus repens

Eigenschaften: ♃ ⬭ ✿ ⇝ ✕

Diese Pflanze liebt feuchten, schweren Boden, kommt auf Feuchtwiesen und nassen Äckern vor und kann in kurzer Zeit große Flächen besiedeln. Ihre Ausläufer kennen kein Hindernis, daher kann der Kriechende Hahnenfuß auch zur Plage werden. Andererseits sind seine Blätter und auch die Blüten durchaus dekorativ. Deshalb kann diese Pflanze als Bodendecker unter Gehölzen und in Kombination mit höheren, kräftigen Stauden verwendet werden. Natürlich ist nach einigen Jahren eine Reduktion nötig, damit die Nachbarn nicht verdrängt werden.

Mögliche Lebensbereiche: 1, 2, 5

Scharfer Hahnenfuß

Kriechender Hahnenfuß

Gewöhnliches Scharbockskraut

Gewöhnliches Scharbockskraut
Ranunculus ficaria

Eigenschaften:

Das Gewöhnliche Scharbockskraut ist eine bekannte Staude, die im Frühjahr in den Laubwäldern große Flächen bedeckt und wegen ihrer glänzend gelben Blüten auch Butterblume genannt wird. Der Name „Scharbockskraut" besagt, dass die Pflanze früher gegen Skorbut (Scharbock) und Vitamin-C-Mangel verwendet wurde. Die Blütenknospen lassen sich in Essig eingelegt als Kapernersatz nutzen, die Blätter werden vor der Blüte für Frühlingssalate verwendet. Nach der Blüte sind sie leicht giftig und sollten nicht mehr verzehrt werden. Die Pflanze bildet Brutknöllchen aus, die sich stark verbreiten. Da sich das Scharbockskraut bereits Ende Mai zurückzieht, ist es im Garten als Bodendecker für den Frühling geeignet, insbesondere unter Gehölzen. Es sollte aber nicht mit schwachwüchsigen, frühlingsblühenden Nachbarn vergesellschaftet werden.

Möglicher Lebensbereich: 1

Gewöhnliche Waldrebe

Gewöhnliche Waldrebe
Clematis vitalba

Eigenschaften:

Diese Pflanze ist eines der wenigen Gehölze dieser Familie. Sie wächst wild in Auwäldern, verbreitet sich mittels flugfähiger Samen und kann mit Hilfe ihrer Ranken Bäume und Sträucher sehr stark überwachsen. Da die Wurzeln stark im Boden verhaftet sind, können sie nur mit dem Spaten ausgegraben werden. Ein Rückschnitt allein bewirkt nur einen stärkeren Austrieb. Trotz allem gibt es die Möglichkeit, ihr im Garten einen Platz zuzuweisen – an Zäunen, dürren Gehölzen und überall, wo eine Klettermöglichkeit besteht. Es sind weniger die Blüten als die schönen Fruchtstände, die zierend wirken und für die herbstliche Floristik Verwendung finden.

Möglicher Lebensbereich: 1

Resedacae
Resedengewächse

Die Resedengewächse sind eine sehr kleine Familie, deren Mitglieder als Beikräuter nur eine kleine Rolle spielen. Im 19. Jahrhundert hatte die duftende Garten-Resede *(Reseda odorata)* ihre große Zeit. Sie wird nun vereinzelt im Samenhandel als Duftpflanze angeboten. Auch eine wirtschaftlich wichtige Art gab es, den Färber-Wau oder die Färber-Resede *(Reseda luteola)*. Weil natürliche Färbemethoden wieder aktuell geworden sind, hat diese Pflanze eine Renaissance erlebt. In den letzten Jahren hat sich eine aus dem mediterranen Raum kommende Art bei uns an Straßenrändern und Schuttplätzen ausgebreitet und wird von dort auch den Weg in die Gärten finden.

Gelbe Resede
Reseda lutea

Eigenschaften: ☉ ✿ ✂

Diese durchaus angenehme Pflanzenerscheinung bevorzugt wärmere Lagen und durchlässige, steinige, aber trotzdem nährstoffreiche Lehmböden, wie sie oft als Straßenbankette vorkommen. Sie ist einjährig und kann im Garten in einer Blumenwiese, im Trockenrasen oder auflockernd unter Stauden verwendet werden. Sind die Blütenrispen entsprechend lang, eignen sie sich als Beigabe zu Sträußen. Die Gelbe Resede soll nicht mit der Färber-Resede verwechselt werden, deren Blütenähren wesentlich länger sind und die bis 1,5 m hoch werden kann.

Mögliche Lebensbereiche: 2, 3, 6

Gelbe Resede

Rosaceae
Rosengewächse

Die Rosengewächse sind für die Ernährung der Menschen von großer Bedeutung, gehören doch die meisten Obstbäume (Kernobst, Steinobst), Beerensträucher (Himbeeren, Brombeeren) sowie fruchtende Stauden (Erdbeeren) dazu. In 115 Gattungen sind etwa 3.200 Arten über die ganze Erde verbreitet – zum Großteil als verholzte Gewächse (Sträucher, Bäume), aber auch als Stauden und wenige als einjährige Kräuter, von denen eine Vielzahl in unseren Gärten und in der Natur gedeihen. Über die einzelnen vielfältigen Vertreter dieser Familie ließe sich seitenlang berichten, hier sei deshalb auf die entsprechende weiterführende Literatur hingewiesen.

Gänse-Fingerkraut

Gänse-Fingerkraut
Potentilla anserina

Eigenschaften: ♃ ✿ ⬭ ↝ W ≡

Beim Gänse-Fingerkraut handelt es sich um eine äußerst anpassungsfähige, niedrige Staude. Sie ist eine Pionierpflanze, die in nassen Wiesen, an Wegen, Ufern, auf frischen, oft staunassen Böden, aber auch an trockenen Straßenrändern vorkommt. Sie ist salztolerant und daher gegen Streusalz weitgehend unempfindlich. Wo genügend Wasser und Nährstoffe zur Verfügung stehen, hat sie mit ihren langen Ausläufern einen ungeheuren Ausbreitungsdrang. Die großen gelben Blüten und die ovalen, gesägten Blätter mit der silbergrauen Unterseite lassen die Pflanze sehr dekorativ wirken. Geeignete Standorte im Garten sind Feuchtwiesen, Gehölzunterpflanzungen, höhere Staudennachbarn, aber auch Schotterflächen. Gelegentlich ist eine Reduktion des Bewuchses nötig.

Mögliche Lebensbereiche: 1, 2, 3, 5

Kriechendes Fingerkraut
Potentilla reptans

Eigenschaften: ♃ ✿ ⬭ W ≡

Die Pflanze hat ähnliche Voraussetzungen wie das Gänse-Fingerkraut, gedeiht aber auf allen Böden. Sie bildet dichte, niedrige Matten und ist daher als bodendeckende Pflanze einsetzbar. Wegen ihrem starken Ausbreitungsdrang sollten keine schwachwüchsigen Pflanzen benachbart sein.

Mögliche Lebensbereiche: 1, 3, 6

Kriechendes Fingerkraut

Echte Nelkenwurz

Echte Nelkenwurz
Geum urbanum

Eigenschaften: ♃ ☘ ⚕

Die heimische Nelkenwurz ist eine ausdauernde Staude, die sich überall dort ansiedelt, wo Wälder und Gebüsche in der Nähe sind. Sie findet sich dann in den Blumenrabatten und im Gehölzrand ein. Die Pflanze besticht nicht durch imposante Blüten, sondern durch ihre schönen Fruchtstände. Die Einzelfrüchte werden durch Tiere verbreitet, da sich die Widerhaken in deren Fell festsetzen. Wer ein Haustier besitzt, hat sicher schon diese Samen aus dem Fell entfernt. Die Nelkenwurz ist auch als Heilpflanze bekannt und kann im Garten an vielen Stellen wachsen, ohne andere Pflanzen zu behindern, am ehesten im Bereich Gehölzrand. Von der Gattung Geum gibt es eine Vielzahl schöner Gartenformen mit leuchtend roten, orangefarbenen und gelben Blüten.

Mögliche Lebensbereiche: 1, 2, 5, 6

Gewöhnlicher Acker-Frauenmantel und
Aphanes arvensis

Kleinfrüchtiger Acker-Frauenmantel
Aphanes inexpectata

Kleinfrüchtiger Acker-Frauenmantel

Eigenschaften: ☉ ⬭

Beide Arten sind einjährige niedrige Kräuter und Begleitpflanzen der Getreidefelder, die leicht übersehen werden und einander sehr ähneln. Sie zeigen das typische Merkmal der Gattung: Nebel, Tau und Regen halten sich lange Zeit als schöne Tropfen auf den Blättern. Diese besondere Eigenschaft macht sie zu dekorativen Pflanzen. Weil sie mit höchstens 10 cm Höhe sehr klein bleiben, stellen sie keine Gefahr für andere Pflanzen dar.

Mögliche Lebensbereiche: 2, 3, 4

Schein-Erdbeere

Schein-Erdbeere
Duchesnea indica

Eigenschaften: ♃ ⬭ ꝏ ⇝ ≡

Diese aus Südostasien stammende Pflanze ist aus Gärten verwildert. Sie ist ein hervorragender Bodendecker für sehr schattige Bereiche. Ihr ganzes Erscheinungsbild erinnert stark an unsere Erdbeere.

Die Schein-Erdbeere ist eine Gartenpflanze, kann aber zur Plage werden, wenn sie zu sehr wuchert. Wo sie gepflanzt wird, dürfen keine schwachen Konkurrenten in der Nähe sein.

Am besten verwendet man sie unter starkwüchsigen Stauden oder Gehölzen auch noch an sehr schattigen Stellen. Sie breitet sich mit langen oberirdischen Ausläufern, aber auch durch Samen aus und siedelt sich dadurch an verschiedenen Stellen des Gartens an. Die Früchte können – wie bei vielen Vertretern der Rosengewächse – gegessen werden. Allerdings ist der Geschmack sehr fade und verleitet nicht zu weiterem Konsum.

Möglicher Lebensbereich: 1

Rubiaceae

Krappgewächse, Rötegewächse

Die meisten Arten dieser Familie, zu der auch der Kaffee, der Chininbaum und die Gardenie zählen, kommen in den Tropen und Subtropen vor. In der heimischen Flora ist sie durch Waldmeister und Labkräuter vertreten. Viele davon sind Pflanzen der Wiesen, Trockenwiesen, des Laubwaldes und anderer Vegetationsgesellschaften.

Kletten-Labkraut

Galium aparine

Eigenschaften: ⊙ ≡ W

Ein einjähriges Kraut, Lehmboden- und Stickstoffzeiger, das mit Hilfe der widerhakigen Stängel bis 2 m an Pflanzen hochklettert. Aus den unscheinbaren kleinen weißen Blüten entwickeln sich Früchte, die überall anhaften und so für die Verbreitung sorgen. Im Garten kann es nur im Gehölzbereich geduldet werden, in anderen wird es zu dominant und behindert benachbarte Pflanzen massiv. Daher sollten die jungen Sämlinge rechtzeitig entfernt werden.

Mögliche Lebensbereiche: 1 oder ⌀

Ackerröte

Ackerröte

Sherardia arvensis

Eigenschaften: ⊙ ✿

Einjähriges Kraut der Getreidefelder (Getreide-Unkrautgesellschaften) und Brachen in warmen Lagen. Heimisch in den wärmeren Regionen Europas. Es wird bis 20 cm hoch, mit lieblichen rosa Blüten. Bedingt durch das wärmere Klima tritt die Ackerröte auch bei uns auf. Leider ist sie nur kurzlebig, ansonsten wäre sie es wert, sie als Sommerblume für Balkonkästen oder kleine Pflanzgefäße zu kultivieren. Vielleicht gibt es schon bald Selektionen mit größeren Blüten. Tritt sie im Garten in einer anderen Pflanzengemeinschaft oder im Nutzgarten auf, soll sie unbedingt erhalten bleiben, da sie die Nachbarn weder bedrängt noch behindert.

Mögliche Lebensbereiche: 2, 3, 4, 7

Scrophulariaceae
Braunwurzgewächse

Von dieser Familie, die früher Rachenblütler genannt wurde, gibt es weltweit etwa 1.700 Arten: von Löwenmaul (*Antirrhinum*), Fingerhut (*Digitalis*) und Königskerze (*Verbascum*) bis zum großen Blauglockenbaum (*Paulownia*). Sie sind als einjährige Kräuter über Stauden bis zu holzigen Pflanzen über die ganze Welt verbreitet. Eine Gattung, die sehr häufig als Beikraut vorkommt, ist der Ehrenpreis *(Veronica* ssp.*)* mit den einjährigen, niedrigen Arten. Hier gibt es Artengruppen, die nach ähnlichen Merkmalen zusammengefasst wurden:

1. Stängel niederliegend, Blüten einzeln in den Blattachseln:

Acker-Ehrenpreis *(Veronica agrestis)* – Eigenschaften: ☉ W
Efeu-Ehrenpreis *(Veronica hederifolia)* – Eigenschaften: ☉ W
Faden-Ehrenpreis *(Veronica filiformis)* – Eigenschaften: ♃ W
Persischer Ehrenpreis *(Veronica persica)* – Eigenschaften: ☉ W

Persischer Ehrenpreis

2. Blühende Stängel aufrecht, Blätter ganzrandig bis gesägt oder gekerbt:

Glanzloser Ehrenpreis *(Veronica opaca)* – Eigenschaften: ☉ W
Feld-Ehrenpreis *(Veronica arvensis)* – Eigenschaften: ☉ W
Früher Ehrenpreis *(Veronica praecox)* – Eigenschaften: ☉ W
Glänzender Ehrenpreis, *(Veronica polita)* – Eigenschaften: ☉ W

Die angeführten Arten kommen in Gärten häufig vor. Es handelt sich um klein bleibende einjährige Formen mit zarten Blüten in meist blauen Tönen, oft mit dunkleren Adern oder hellerer Mitte versehen. Sie werden meist radikal gejätet. Dabei sind sie eigentlich harmlos. Als niedrige Kräuter bedecken sie offenen Boden und schützen ihn dadurch. Sie behindern andere Pflanzen kaum und falls doch, sind sie leicht zu reduzieren. Allerdings sorgen sie durch einen kurzen Vegetationszyklus und starke Samenvermehrung für eine stetige Präsenz im Garten. Ein Eingreifen ist also manchmal nötig.

Mögliche Lebensbereiche: 1, 2, 3, 6, 7

Der Faden-Ehrenpreis *(Veronica filiformis)* wurde aus Kleinasien eingeschleppt und hat sich bei uns vor allem in Wiesen, Parkrasen und auf Fettweiden stark verbreitet. Auffällig ist er nur zur Blütezeit im Frühling und wird dann von den Gräsern und anderen Wiesenpflanzen überwachsen. Für den englischen Rasen zwar ungeeignet, stört er in der normalen Wiese nicht.

Möglicher Lebensbereich: 6

Thymian-Ehrenpreis
Veronica serpyllifolia

Eigenschaften: ♃ ✿ W

Die Pflanze kommt gerne auf kalkarmen, leicht sauren und frischen Böden vor. Sie ist eine liebliche kleine Art, die als Zwergstaude leicht in den Garten zu integrieren ist.

Mögliche Lebensbereiche: 2, 3, 4

Gewöhnliches Acker-Löwenmaul

Gewöhnliches Acker-Löwenmaul
Misopates orontium

Eigenschaften: ⊙ ✿ ✂

Rote Liste: Stufe 3 = gefährdet

Ursprünglich im Mittelmeergebiet heimisch, besiedelte das Gewöhnliche Acker-Löwenmaul Äcker, Getreidefelder und Weinberge und gilt heute als bedrohte Art der Gruppe 3. Die Pflanze wird an die 30 cm hoch und blüht im Sommer. Sie ist gut für einjährige Blumenmischungen und in der Blumenwiese geeignet. Auch das Auftreten in anderen Bereichen dürfte kaum ein Problem sein.

Mögliche Lebensbereiche: 2, 6

Gewöhnliches Leinkraut

Schwarze Königskerze

Gewöhnlicher Klaffmund
Chaenorhinum minus

Eigenschaften: ⊙

Einjähriges Kraut auf Schuttplätzen, trockenen Äckern und anderen Steinschutt-Gesellschaften. Wärmeliebend, wurzelt bis 25 cm tief. Kann im Garten belassen werden.

Mögliche Lebensbereiche: 3, 4

Gewöhnliches Leinkraut
Linaria vulgaris

Eigenschaften: ♃ W

Diese zierliche Staude erinnert ebenfalls an ein kleines Löwenmaul. Sie ist wärmeliebend, wird bis 40 cm hoch und gedeiht an trockenen Stellen, Wegrändern, Ödland und Schotterflächen. Die Pflanze ist ein Rohbodenpionier und Bodenfestiger. Für trockene Böschungen ist das Leinkraut geeignet. Die Wurzeln reichen bis 1 m tief, die Verbreitung erfolgt durch Wurzelsprosse und Samen, die durch Ameisen vertragen werden, sodass die Pflanze oft an weit entfernten Stellen vom ursprünglichen Standort auftaucht. Sie verschwindet aber, wenn die Bodenverhältnisse ihr nicht mehr zusagen.

Mögliche Lebensbereiche: 1, 3

Schwarze Königskerze
Verbascum nigrum

Eigenschaften: W

Diese zweijährige Art findet sich oft auf Ödland und Waldschlägen. Sie liebt kalkarmen sandigen Lehmboden und passt gut in trockene Waldrandgesellschaften, Heidegärten und trockenere Uferzonen. Interessant ist, dass die Standortbeschreibungen in der Literatur sehr unterschiedlich sind.

Mögliche Lebensbereiche: 2, 3

Urticaceae
Nesselgewächse

Aus dieser Familie ist bei uns nur die Gattung *Urtica*, die Brennnessel, bekannt. Sie umfasst in 40 Gattungen rund 600 Arten, davon ist der Großteil in den Tropen beheimatet. Es gibt außer Kräutern auch Stauden und Halbsträucher. Als Zimmerpflanzen sind die Kanonierblume *(Pilea)* und das Bubiköpfchen *(Soleirolia)* bekannt. Bei den Nesselartigen gibt es die Ramie *(Boehmeria nivea)* und die Hanfnessel *(Urtica cannabina)*, die ganz fürchterlich brennt und aus deren Stängeln Pflanzenfasern gewonnen werden, so wie es früher bei der Brennnessel üblich war.

Brennnessel
Urtica dioica

Eigenschaften: ♃ W ⚕

Über die Brennnessel wurde schon sehr viel geschrieben, daher soll hier nur erwähnt werden, dass sie sich in verschiedenen Bereichen des Gartens gut eingliedern lässt. Im Gehölzgürtel und auch in Rabatten mit höheren Stauden kann diese wichtige Pflanze integriert werden. Ich empfehle, die Pflanze knapp über dem Boden abzuschneiden, bevor der Samen ausfällt. Sie treibt rasch wieder durch, sodass bald schon Blätter als Futter für diverse Raupen zur Verfügung stehen. Ihr Wert für den Garten ergibt sich auch aus den möglichen Anwendungen wie Brühe und Brennnesseljauche, die 1 : 10 verdünnt einen hervorragenden Dünger darstellt. Das abgeschnittene Kraut (ohne Samen) ist der beste Mulch für den Boden und sorgt für gute Humusbildung. Gesundheitlich ist eine Teekur im Frühling gut für die Blutreinigung, die jungen Blätter sind als Spinat zubereitet eine Delikatesse – insgesamt gibt es also genügend Gründe, um Brennnesseln im Garten einen Platz einzuräumen.

Mögliche Lebensbereiche: 1, 5, 7

Brennnessel

Violacae
Veilchengewächse

Dies ist eine kleine Familie mit nur drei Gattungen, wovon *Viola*, die Namensgebende, für uns von Bedeutung ist. Ungefähr 56 Arten mit zahlreichen Unterarten kommen über den ganzen Globus, bis in hochalpine Regionen verbreitet, vor.

Bekannt ist Viola vor allem als zweijährige Beetpflanze (Stiefmütterchen) für den Herbst und Frühling. Die meisten anderen Arten der Veilchengewächse sind ausdauernde Stauden, die auch dankbare Gartenpflanzen darstellen.

Acker-Stiefmütterchen

Acker-Stiefmütterchen
Viola arvensis

Eigenschaften:

Das Acker-Stiefmütterchen ist eine Pflanze der Äcker, Getreidefelder und Schuttplätze, ein einjähriges, niedriges Kraut mit meist gelblich weißen Blüten. Man findet es häufig in Getreidefeldern.

Im Garten kann die Pflanze in fast allen Bereichen belassen werden. Auf freien Flächen ist sie gleichzeitig ein hübscher Bodendecker.

Mögliche Lebensbereiche: 2, 3, 4

Poaceae
Süßgräser (*Gramineae*)

Klasse Monocotyledone, Einkeimblättrige Pflanzen, Ordnung Poales

Mit etwa 8.000 Arten in 700 Gattungen gehört die Familie der Süßgräser zu der viertgrößten Familie unter den Blütenpflanzen. Gräser besiedeln die ganze Erde von den arktischen Gebieten bis zu den tropischen Zonen. Viele sind für unsere Ernährung wichtig, wie zum Beispiel alle Getreidearten, Reis, Mais oder Hirse. Als Futtergräser haben sie ebenso große Bedeutung wie auch als einjährige und ausdauernde dekorative Einzel- und Gruppenpflanzen im Garten.

Rasenflächen bestehen meist nur aus wenigen Grasarten und speziellen Sorten. Auch der Bambus, ein verholzendes Gras, gehört zu dieser Familie.

Gewöhnliche Quecke
Elymus repens

Eigenschaften: ♃ ⁓→ 🖐🖐

Dieses ausdauernde Gras kann große Bestände bilden, wenn es nicht rechtzeitig entfernt wird. Es erreicht bis 1 m Höhe und vermehrt sich durch Ausläufer, die auch in andere Wurzelstöcke eindringen und daher schwer zu entfernen sind. Alle Pflanzen müssen dann ausgegraben, die Wurzelstöcke zerteilt, die Wurzeln entfernt und die Kulturpflanzen frisch gepflanzt werden. Diese Arbeiten sind am besten nach der Hauptwachstumszeit und nach der Blüte durchzuführen. Als gute Monate haben sich August und September erwiesen.
Die Wurzeln der Gewöhnliche Quecke enthalten viele Heilstoffe. Sie sind ein gutes Blutreinigungsmittel und sollten im Blutreinigungstee für den Frühling enthalten sein.

Möglicher Lebensbereich: ⌀

Gewöhnliche Quecke

Faden-Fingerhirse und Blut-Fingerhirse

Digitaria ischaemum *Digitaria sanguinalis*

Faden-Fingerhirse

Eigenschaften:

Diese beiden Gräser sind einander sehr ähnlich, sowohl im Aussehen als auch in ihrem Auftreten. Es handelt sich um einjährige, wärmeliebende Kräuter, die zur Unkraut-Hirse-Gesellschaft gehören und auf Äckern, Wegen, Schuttstellen und auch in Gärten vorkommen. Eingeschleppt werden sie meist, wenn Ackererde frisch oder ergänzend aufgebracht wird. Darin befinden sich Millionen von Samen, die nur auf günstige Gelegenheiten warten, um auszukeimen. Im Rasen sind die beiden Hirsearten auch durch tiefes Mähen nicht zu beseitigen, vor allem die Faden-Fingerhirse, da sie ganz flach wächst. Hier hilft leider nur die Chemie oder die Pflanzen müssen, bevor sie zur Samenreife kommen, ausgestochen werden, was eine harte Arbeit ist. Die Blut-Fingerhirse wird meist höher (10–60 cm) und ist durch regelmäßiges Mähen leichter zu entfernen.

Möglicher Lebensbereich: Ø

Blut-Fingerhirse

Gewöhnliche Hühnerhirse

Echinochloa crus-galli

Eigenschaften:

Die Hühnerhirse hat sich in den letzten Jahren sehr stark verbreitet, man findet sie am Rand vieler Felder, besonders Maisfelder, aber auch an Gräben und Schuttstellen. Sie keimt spät und tritt manchmal so dicht auf, dass es den Anschein hat, sie sei angebaut worden. Im Garten ist sie absolut verzichtbar. Wenn sie auftritt, muss sie vor der Blüte gejätet werden.

Möglicher Lebensbereich: Ø

Einjähriges Rispengras

Poa annua

Eigenschaft: ⊙

Dieses kleine Gras kommt weltweit und in fast jedem Garten vor. Es ist klein und zart und lässt sich leicht entfernen, andererseits stört es nicht allzu sehr, wenn es zwischen höheren Gewächsen auftritt. Das Einjährige Rispengras kann in Anzuchtbereichen lästig werden, da es Sämlinge und schwache Pflanzen in Töpfen behindert.

Die Pflanze blüht das ganze Jahr, kommt rasch zur Samenreife und hat daher einen schnellen Lebenszyklus. Im Nutzpflanzenbereich ist sie durch entsprechende Bodenbearbeitung leicht unter Kontrolle zu bringen. Am Weg und in Plattenfugen möglich.

Möglicher Lebensbereich: Ø

Gewöhnliche Hühnerhirse

Fuchsrote Borstenhirse und

Setaria pumila

Grüne Borstenhirse

Setaria viridis

Eigenschaft: ⊙

Beide Arten sind Begleiter der Wegränder, Äcker und Schutthalden und im Garten entbehrlich, da sie sich zu stark vermehren.

Einzig die Fuchsrote Borstenhirse kann auf extremen Standorten gemeinsam mit anderen Schuttbesiedlern eingesetzt werden und sogar eine gute Wirkung erzielen.

Mögliche Lebensbereiche: 3 oder Ø

Fuchsrote Borstenhirse

Equisetaceae
Schachtelhalmgewächse

Abteilung Farnpflanzen, Klasse Sphenopsida, Unterklasse Equisetales

Die Familie der Schachtelhalmgewächse ist eine sehr alte Pflanzengruppe, die zu den ersten Landbesiedlern der Erde gehörte. Dementsprechend sind diese Pflanzen äußerst zäh und vital. Die Pflanzen gedeihen meist an feuchten, halbschattigen bis schattigen Standorten.

Acker-Schachtelhalm

Acker-Schachtelhalm
Equisetum arvense

Eigenschaften:

Der Acker-Schachtelhalm, auch Zinnkraut genannt, macht das Gärtnerleben einigermaßen schwer. Er ist überall, und zwar auch dort, wo er nicht gerade sein müsste. Seine Präsenz und das starke Durchdringungsvermögen können den Gartenfreund oft zur Verzweiflung bringen. Selbst dicke Mulchschichten werden durchstoßen. Da er sowohl auf sauren wie auf alkalischen Böden gedeiht, hat auch der Ratschlag, es mit Kalkgaben zu versuchen, keine Wirkung.

Der Acker-Schachtelhalm ist ein Anzeiger für feuchte und oft verdichtete Böden, wobei die Verdichtung auch in tieferen Horizonten auftreten kann. Seine Wurzeln reichen weit in die Tiefe, beim Jäten bleiben meist Wurzelstücke zurück, die dann wieder austreiben. Nur eine ausreichende Lockerung in allen Bodenbereichen bringt ihn zum Verschwinden.

Ich gestehe, dass ich dieser Pflanze nicht Herr werde, denn der Einsatz von Herbizid kommt für mich nicht in Frage. Daher schließe ich

einen Kompromiss und lasse sie stehen, wo sie nicht zu sehr stört, und jäte sie in den anderen Bereichen ständig. Auf Wegen und Plätzen kann die Abflamm-Methode wirksam sein.
Im biologischen Gartenbau ist der Acker-Schachtelhalm jedoch von Nutzen: Ein Teeaufguss aus Acker-Schachtelhalm stärkt die Pflanzen und macht sie widerstandsfähiger gegen Krankheiten und Schädlinge. Er entwickelt auch im Boden eine sehr positive Wirkung und findet zusätzlich als Heilpflanze für den Menschen Verwendung.
Möglicher Lebensbereich: ø

Wald-Schachtelhalm
Equisetum sylvaticum

Eigenschaften: ♃ ○
Diese Art ist zierlicher und kommt auf feuchteren Plätzen vor. Die Pflanze wird bis 80 cm hoch, die Wedel sind leicht hängend und ihre Verbreitung ist weniger stark als beim Acker-Schachtelhalm. Im Garten wirkt sie daher zwischen Gebüsch und höheren Stauden durchaus elegant und auflockernd.
Eine ausgesprochen elegante Erscheinung ist der Riesen-Schachtelhalm *(Equisetum telmateia)*, der in nassen Laubwäldern und an Bachufern gedeiht und bis über 1 m hoch wird. In größeren Anlagen und an passenden Orten ist er eine geeignete attraktive Pflanze.
Möglicher Lebensbereich: 5

Riesen-Schachtelhalm

Marchantiaceae

Abteilung Moose, Klasse Lebermoose, Ordnung *Marchantiales*

Brunnen-Lebermoos
Marchantia polymorpha

Das Brunnen-Lebermoos war früher bei den Gärtnern ein häufiger Gast. Vor allem in Anzuchtkästen, Mistbeeten und überall dort, wo Tontöpfe verwendet wurden und genügend Feuchtigkeit vorhanden war. Dieses Lebermoos bildet auf dem Kultursubstrat einen dichten Polster, der sich so ausbreiten kann, dass die Kulturpflanze im Wachstum behindert wird beziehungsweise die Sämlinge sich nicht entwickeln können.

Wenn das Brunnen-Lebermoos auftritt, muss es mit einem spitzen Holz von der Erde gelöst und entfernt werden. Die Vermehrung erfolgt durch Sporen, die im feuchten Milieu leicht keimen und so zur raschen Ausbreitung führen. Durch die sterilen fertigen Pflanzsubstrate und eine andere Kompostwirtschaft im Erwerbsgartenbau hat es heute nicht mehr die große Bedeutung wie früher.

Brunnen-Lebermoos

Literatur-verzeichnis

Erhard, Götz, Bödeker, Seybold (2002):
Zander – Handwörterbuch der Pflanzennamen.
Verlag Eugen Ulmer, Stuttgart.
17. Auflage.

Fleischhauer, Steffen Guido (2003):
Enzyklopädie der essbaren Wildpflanzen.
AT Verlag Aarau und München.

Hanf, Martin (1990):
Ackerunkräuter Europas mit ihren Keimlingen und Samen.
BLV Verlagsgesellschaft, München.
3. überarbeitete Auflage.

Heinz, Paul (1964):
Knaurs Pflanzenreich in Farben. Band 1 und 2.
Droemersche Verlagsanstalt A.G., Zürich.

Lauber, Konrad, Wagner, Gerhard (2001):
Flora Helvetica.
Verlag Paul Haupt, Bern, Stuttgart, Wien.
3. Auflage.

Oberndorfer, Erich (1970):
Pflanzensoziologische Exkursionsflora für Süddeutschland und die angrenzenden Gebiete.
Verlag Eugen Ulmer, Stuttgart.
3. erweiterte Auflage.

Rothmaler, Werner (1985):
Exkursionsflora Band 3, Atlas der Gefäßpflanzen.
Volk und Wissen Schmeil-Fitschen:
Flora von Deutschland und seinen angrenzenden Gebieten.
Verlag Quelle & Meyer Heidelberg, 82. Auflage .
Volkseigener Verlag, Berlin, 6. Auflage.

Willfort, Richard (1979):
Gesundheit durch Heilkräuter.
Verlag Rudolf Trauner, Linz.
20. Auflage.

ÖKO.L, Zeitschrift für Ökologie, Natur und Umweltschutz der Naturkundlichen Station der Stadt Linz.

ÖKO.L 2-1998, **Michael Hohla:**
Flora der Bahnanlagen im Bereich Schärding bis Wels.

ÖKO.L 2-1999, **DI Peter Böhm:**
Dorfpflanzen, ein Stück Natur vor der Haustür.

ÖKO.L 2-2001, **Heinz Forstinger:**
Ich bin ein Kind der Stadt – Pflanzen, die uns in die Städte folgen.

ÖKO.L 1-2003, **Dr. Friedrich Schwarz:**
Stadtparks und Grünflächen – Erholung für Mensch und Natur.

ÖKO.L 2-2003, **Michael Hohla:**
Plants on the road – Neue Pflanzen begleiten unsere Straßen.

ÖKO.L 4-2003, **Michael Hohla:**
Friedhöfe und ihre Pflanzen.

Infos und Quellen zu Seite 20 und 21:

NIKLFELD, H. et al. (1999):
Rote Listen gefährdeter Pflanzen Österreichs.
Grüne Reihe des Bundesministeriums für Umwelt, Jugend und Familie, Wien.

RENNWALD, E. (Bearb.) (2000):
Verzeichnis und Rote Liste der Pflanzengesellschaften Deutschlands (mit Datenservice auf CD-ROM).
Schr.R. f. Vegetationskunde 35.
800 S.
ISBN 3-7843-3505-5

www.**umweltbundesamt.at**/umwelt/naturschutz/artenschutz/

www.**bfn.de**

Quellen:

Umweltbundesamt (Österreich)
Bundesamt für Naturschutz (Deutschland)

Index

Unkraut? Kein Problem!

€19,90

Bildquellen

A. Thinschmidt und D. Böswirth
Seite 7, 8/9, 15 (beide), 16/17, 22, 23, 25, 26, 27, 33

Botanik Bildarchiv Laux
Seite 28/29, 35 Mitte, 41 oben, 47 oben, 52 oben (WH v. S. 28/29), 61 oben, 72 unten, 76, 77 beide, 100 unten, 104, 106 oben, 110 unten, 120, 122

Siegfried Schmid
Seite 18, 21, 34, 35 oben und unten, 36 (WH v. S. 21), 37 beide, 38 beide, 39, 40, 41 unten, 42 beide, 43, 44, 45, 46, 47 unten, 48 beide, 49, 50, 51 (beide), 52 unten, 53 beide, 54, 55 beide, 56, 57, 58 beide, 60 beide, 61 unten, 62 beide, 63 beide, 64 beide, 65 beide, 66 beide, 67 (WH v. S. 18), 68 , 69 beide, 70 beide, 71 beide, 72 oben, 73, 75 beide, 78, 79, 80, 82 beide, 83, 84, 85 beide, 87 beide, 88 beide, 89, 91 beide, 92, 93 beide, 94, 95, 96, 97, 98, 99, 100 oben, 101 beide, 102, 103, 105 beide, 106 unten, 107, 108, 109 beide, 110 oben, 111, 112, 113, 114 beide, 115, 116, 117, 118 beide, 119 beide, 121

Titelbild
Siegfried Schmid